Martin Czerweny-Arland

Cash-Management in CEE

Martin Czerweny-Arland

Cash-Management in CEE

Fakten für den Praktiker

ISBN: 978-3-901880-87-2

© 2009 Goldegg Verlag GmbH, Wien
Mommsengasse 4/2
A-1040 Wien
Telefon: +43 (0) 1 5054376-0
http://www.goldegg-verlag.com
Herstellung: Goldegg Verlag GmbH

Vorwort

Geld hat kein Mascherl. Das wissen wir. Worin liegen also die Spezifika des Cash-Managements Zentral- und Osteuropas? Die Grundprinzipien und Strukturen lassen sich freilich nicht neu erfinden, sie haben weltweite Gültigkeit. Das gilt natürlich auch für diese Publikation.

Jeder Praktiker aus dem Cash-Bereich weiß aber, dass länderspezifische Unterschiede im Detail teils große Herausforderungen bergen. Angefangen bei Volatilitäten der Landeswährungen, über rechtliche Einschränkungen, eine unterschiedlich entwickelte Banken(produkte)landschaft bis hin zu kulturellen Besonderheiten (Stichwort: Mahnwesen!). Mit der vorliegenden Publikation ist es uns ein Anliegen, diese Differenzen für die ehemals planwirtschaftlichen neuen EU-Mitgliedsstaaten in übersichtlicher Tabellenform auszuarbeiten.

Wieso Zentral- und Osteuropa? Wieso gerade jetzt? - Weil es sich um ein aus „westlicher" Sicht immer noch wenig erschlossenes Terrain handelt. Weil diese Länder einen (Binnen-) Absatzmarkt von über 100 Millionen Einwohnern stellen. Weil diese Länder für westeuropäische Unternehmen aufgrund der geringeren Arbeitskosten immer noch interessant sind. Und schließlich weil uns unsere langjährige Projekterfahrung gezeigt hat, dass in diesen jungen Marktwirtschaften enormes Optimierungspotenzial im Cash-Management geborgen werden kann. Die aktuelle Finanzkrise ändert daran nichts. Nach einer Konsolidierungswelle werden sich die Firmen in CEE wiederfinden, die den Markt in den nächsten Jahrzehnten dominieren werden.

Mit diesem Buch bieten wir Ihnen eine praxisnahe Orientierungshilfe aus Cash-Management-Sicht für Ihre jetzigen und zukünftigen Vorhaben in Zentral- und Osteuropa.
Mein Dank gilt den an der Erstellung beteiligten Mitarbeitern, allen voran Slawomir Teodorowicz, der als Projektleiter im Eilzugstempo diese Publikation ermöglichte.

Wien, Sommer 2009   Ihr *Martin Czerweny-Arland*

Inhaltsverzeichnis

Einleitung

Mit diesem Buch geben wir einen Überblick über das Cash-Management von zehn zentral- und osteuropäischen Ländern. Es handelt sich dabei um die neuen EU-27-Mitgliedsstaaten:

- Bulgarien
- Estland
- Lettland
- Litauen
- Polen
- Rumänien
- Slowakei
- Slowenien
- Tschechien
- Ungarn

Das Buch hat zwei Teile. Im ersten Teil geben wir einen knapp gehaltenen Überblick über das Feld des Cash-Managements. Im zweiten Teil gehen wir in gleich aufgebauten Profilen auf die jeweiligen Spezifika des Cash-Managements der zehn Länder ein.

I. Modernes Cash-Management – ein Abriss

Übersicht

Ziel dieses Buches ist es, einen praxisorientierten Einblick in das Cash-Management von ausgewählten zentral- und osteuropäischen Ländern zu bieten. Detaillierte Ausführungen zu diesem Thema finden Sie in Kapitel II in Form von Länderprofilen. Kapitel I „Modernes Cash-Management – ein Abriss" liefert in kompakter Form einen Überblick über das Praxisfeld Cash-Management, um Ihnen das nötige Wissen zum Verständnis der Länderprofile an die Hand zu geben.

Kapitel I orientiert sich stark an den Inhalten von „Modernes Cash-Management. Instrumente und Maßnahmen zur Sicherung und Optimierung der Liquidität" (2006, Verlag Redline Wirtschaft), verzichtet aber bewusst auf zu detaillierte Ausführungen. Leser und Leserinnen, die ihren Wissensstand über Cash-Management weiter vertiefen wollen, sei daher die Lektüre des genannten Buches ans Herz gelegt.

Inhalte:

1. Definition von Cash-Management

Abbildung 1: Bereiche des Cash-Managements nach CASHFINDER®

Cash-Management – so häufig der Begriff in einschlägiger Literatur oder in Gesprächen mit Finanzverantwortlichen verwendet wird, so häufig kann man unterschiedliche Auffassungen bezüglich der Bedeutung und der Reichweite von Cash-Management beobachten. Die Palette von Definitionen – in der Theorie wie in der Praxis – reicht von Cash-Management als Synonym für Teilbereiche des Finanzwesens wie „Konzernclearing" (Eilenberger 2003, S. 105), „Kassenhaltung" (Hohenstein 1994, S. 163) oder „Finanzdisposition" bis zur Gleichsetzung von Cash-Management mit einzelnen Instrumenten des Zahlungsverkehrs wie Cash-Pooling oder mit Aufgabenbereichen der Finanzabteilungen wie dem Zins- und Währungsmanagement bzw. dem Risikomanagement. Anderswo wiederum werden – als Folge mangelhafter Begriffsabgrenzung – Diskussionen über das Verhältnis von Cash-Management zu Treasury geführt, ob Cash-Management ein Teilbereich von Treasury sei oder ob es sich genau umgekehrt verhalte oder ob letzten Endes beide Begriffe das Gleiche bezeichnen würden.

In Definitionen, die sich an einer ganzheitlichen Fassung des Begriffs versuchen, lässt sich immer wieder die Bedeutung von Cash-Management für die aktive Steuerung von Liquidität in einem Unternehmen herauslesen. Da die unterschiedlichsten Faktoren die Liquidität eines Unternehmens beeinflussen (können), ergibt sich ein breites Betätigungsfeld für das Cash-Management. Diesem Ansatz folgend, definieren wir Cash-Management wie folgt:

> Cash-Management umfasst alle Maßnahmen und Instrumente zur Planung, Beschaffung, Sicherung, Freisetzung und laufenden Optimierung von liquiden Mitteln.

Abbildung 1 veranschaulicht den Zahlungsfluss eines Unternehmens in den Bereichen interne Organisation, operatives Geschäft (ein- und ausgehender Zahlungsstrom), kurzfristige Veranlagung und kurzfristige Finanzierung sowie die Schnittstelle zu Banken. Nach unserer langjährigen Erfahrung als Optimierer entlang des Cashflows wissen wir, dass das Optimierungspotenzial im Finanz- und Cash-Management oft unterschätzt wird. Die abgebildete Graphik hat sich als Grundgerüst unserer Arbeit bewährt, sie zeigt die vielseitigen Bereiche, an denen angesetzt werden kann.

2. Ziele des Cash-Managements

Das Cash-Management hat Ober- und Unterziele. Wo so genannte Oberziele eher abstrakt formuliert werden und eng mit den Komponenten des finanzpolitischen Zielsystems verwandt sind, haben Unterziele den Charakter von Instrumenten zur Erfüllung der Oberziele.

Zu den Oberzielen des Cash-Managements gehören

- Sicherheit (Werterhaltung der liquiden Mittel und jederzeitige Zahlungsfähigkeit)

- angemessene Rentabilität (Ertragsmaximierung und Kostenminimierung von Geldanlagen)

- Flexibilität (maximale Steuerbarkeit der Liquidität, Flexibilität in Bezug auf Finanzierung und Finanzstruktur)

Diese Oberziele stehen zueinander in Widerspruch. Hohe Sicherheit etwa wird zumeist mit Abschlägen bei der Rentabilität verbunden sein. Das eigentliche Oberziel des Cash-Managements ist daher, ein ausgewogenes Verhältnis zwischen den drei Oberzielen zu erreichen.

Abbildung 2 gibt eine Übersicht über Ober- und Unterziele des Cash-Managements.

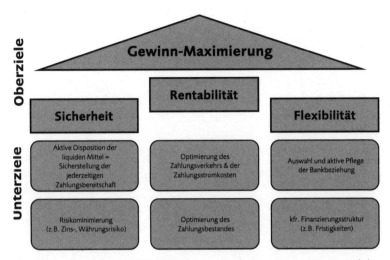

Abbildung 2: Ober- und Unterziele des Cash-Managements (in Anlehnung an Boettger 1995)

3. Darstellung der Teilbereiche von Cash-Management

3.1 Zahlungsströme

3.1.1 Laufende Finanzplanung

Zielgruppe:
- alle Firmen

Cash-Relevanz:
- Liquiditäts- und Dispopläne sind Basis für aktives Cash-Management.

Die laufende Finanzplanung hat die Aufgabe, die finanziellen Vorgänge und Maßnahmen zu erfassen, die sich aus der normalen Geschäftstätigkeit eines Unternehmens in der nahen oder ferneren Zukunft ergeben.

Der Finanzplan eines Großunternehmens setzt sich für gewöhnlich aus den folgenden Teilplänen zusammen:

- Leistungs- und Ergebnisplanung (Budget)

- Planbilanz (langfristig)

- Investitionsplan (mittel- bis langfristig)

- Liquiditäts- und Dispositionsplan (kurz- bis sehr kurzfristig)

Für das Cash-Management haben besonders der Liquiditäts- und der Dispositionsplan Relevanz:

Beim **Liquiditätsplan** (wochen-, monatsweise) handelt es sich um die Prognose zukünftiger Ein- und Auszahlungen. Ziel ist es, mögliche Über- und Unterliquidität im Voraus zu erkennen und dementsprechende Veranlagungs- bzw. Finanzierungsentscheidungen zu treffen. Die Schwierigkeit besteht darin, die Umsatzentwicklung und die Entwicklung der Zahlungseingänge realistisch zu prognostizieren.

Der **Dispositionsplan** (tages-, wochenweise) hat zum Ziel, durch Umbuchungen von Bankkonten eines Unternehmens sicherzustellen, dass es entweder zur Gänze im Liquiditätsüberschuss (Haben) oder zur Gänze finanzierungsseitig (Soll) ist. Eine Soll/Haben-Konstellation, also die Gleichzeitigkeit von niedrig verzinsten Bankguthaben und hoch verzinsten Bankverbindlichkeiten, soll aufgrund des damit einher gehenden suboptimalen Zinsergebnisses wenn möglich vermieden werden.

3.1.2 Debitorenmanagement

Zielgruppe:
- vor allem Firmen mit vielen Kunden bzw. Eingangsrechnungen
- Firmen mit internationalen Geschäftskontakten

Cash-Relevanz:
- Je schneller Forderungen eingehen, desto höher ist die Liquidität des Unternehmens.

Das Zahlungsverhalten der Kunden wirkt sich nicht nur auf die Liquidität, sondern auch auf die Wettbewerbsfähigkeit eines Unternehmens aus. Verspätete Zahlungen können zu Liquiditätsengpässen führen, die teure Finanzierungsmaßnahmen nach sich ziehen können. Zudem steigt die Wahrscheinlichkeit eines Zahlungsausfalls signifikant mit der Länge des Zahlungsziels bzw. der Verzugsdauer (hier gilt Italien als berühmte Ausnahme von der Regel). Die damit einher gehenden Kosten können das Wachstum eines Unternehmens hemmen oder sogar zu Liquiditätsproblemen führen.

Zu den **grundlegenden Maßnahmen** des Debitorenmanagements gehören:

- die Festlegung einer Kreditpolitik (Standard-Zahlungskonditionen, Bedingungen für Lieferung auf Rechnung,

Vorgehen bei Zahlungsverzug, Zuständigkeiten im Debitorenmanagement etc.)

- die Festlegung von Kreditlinien und Kreditlimits

- eine stete Beschaffung von Information über die Kunden zwecks Abschätzung des Ausfallsrisikos

- die Absicherung von Krediten über Bankgarantien (siehe „Kreditleihe – Bankgarantie", S. 37), Bürgschaften, Wechsel, Akkreditive (siehe „3.4.2 Dokumentenakkreditiv", S. 41), Dokumenteninkassi (siehe „3.4.1 Dokumenteninkasso", S. 40) etc.

- das Abwälzen des Ausfallsrisikos (z.B. auf eine Kreditversicherung)

- die Auswahl geeigneter Zahlungsinstrumente (siehe „3.2 Instrumente des Zahlungsverkehrs", S. 24)

- die Bargeldlogistik (siehe „3.2.9 Bargeldentsorgung", S. 33)

Für die **möglichst rasche Realisierung von Forderungen** (und damit die höchstmögliche Begrenzung von Ausfallsrisiken) empfehlen sich diverse Maßnahmen:

- rasches und konsequentes Mahnen

- telefonisches Mahnen (am besten in Kombination von Rechnungswesen und Vertrieb)

- Einhebung von Mahngebühren

- konsequente Realisierung von Forderungen über ein Inkassobüro (wenn es die Kundenstruktur erlaubt)

- klare Kommunikation von Zahlungszielen an den Kunden

- Gewährung von Skonti und Rabatten

- Forcieren von Lastschriften/Bankeinzügen (siehe „3.2.2 Lastschrift", S. 25)

- Scheckzahlungen vermeiden

- Kundenkontakte pflegen

- bilaterales und multilaterales Netting (bei Forderungen innerhalb von Konzernstrukturen; siehe „3.2.5 Netting", S. 28)

- elektronische Rechnungslegung und Bezahlung (siehe „3.2.8 EBPP", S. 32)

- Folgedatenträger zur elektronischen (= schnelleren) Auszifferung von Abrechnungsdaten (siehe „3.2.3 Folgedatenträger", S. 26)

- bei beleghaftem Zahlungseingang von immer gleichen Kunden: Merken und Zuordnen einer Kontonummer zum Kunden zur Umstellung bei diesem Kunden vom beleghaften zum automatisierten Zahlungsverkehr

Selbstverständlich sind diese Maßnahmen je nach Kundenstruktur unterschiedlich gut einsetzbar. Beispielsweise eignen sich Lastschriften oder Folgedatenträger besonders gut für Unternehmen mit einer großen Zahl an Ausgangsrechnungen (z.B. Versicherungen, Telekommunikationsunternehmen, Energieversorger).

3.1.3 Kreditorenmanagement

Zielgruppe:
- Firmen mit vielen Lieferanten bzw. einer hohen Anzahl an Ausgangsrechnungen
- Unternehmen mit internationalen Lieferanten
- Handelsbetriebe/Produktionsbetriebe

Cash-Relevanz:
- Je länger Geld im Unternehmen bleibt, desto höher ist dessen Liquidität.

Dem Kreditorenmanagement wird im Vergleich zum Debitorenmanagement weniger Aufmerksamkeit geschenkt, es spielt aber dennoch eine erhebliche Rolle für die Liquidität eines Unternehmens. Neben den Routineabwicklungen des Rechnungseingangs- und -prüfungsprozesses besteht die Aufgabe des Kreditorenmanagements darin, den ausgehenden Zahlungsstrom optimal (aber dem Lieferanten gegenüber dennoch fair!) zu verlängern, was wiederum positiv auf die Liquidität wirkt.

Zu den **wichtigsten Maßnahmen** für ein erfolgreiches Kreditorenmanagement gehören:

- rasche Durchführung des Rechnungseingangs- und -prüfungsprozesses

- alle Skontoabzüge nützen

- Zahlungsziele ausnützen (gerade noch pünktlich überweisen)

- regelmäßig bezahlen (wenn es sinnvoll erscheint)

- wenn Schecks im Einsatz sind: regelmäßige Überprüfung von Kosten/Nutzen dieses Zahlungsinstruments gegenüber anderen Zahlungsinstrumenten, Berechnung der Scheckgrenze (Betrag, ab dem sich die Zahlung mit Scheck rentiert), Maximierung der Schecklaufzeit

- außerhalb des SEPA-Raums: Einrichtung von Auslandskonten (spart Valutaschnitt und kann Spesen für Auslandszahlungsverkehr reduzieren)

- in Konzernunternehmen: Leading und Lagging (siehe „3.2.4 Leading und Lagging", S. 28)

Als weiter reichende Maßnahmen zur Optimierung des Kreditorenmanagements sei auf die Automatisierung bzw. das Outsourcing des Kreditorenmanagements hingewiesen:

- Die Vorteile der **Automatisierung** liegen in der beleglosen Abwicklung der Rechnungen und deren steter und leichter Zugänglichkeit (auch über Landesgrenzen hinweg, Stichwort: **Payment Factory/Inhouse Banking**) sowie im vereinfachten und beschleunigten Autorisierungsprozess – alles mit Kosteneinsparungen verbunden.

- Beim **Outsourcing** wird das Kreditorenmanagement an einen externen Dienstleister ausgelagert. Die Eingangsrechnungen des auslagernden Unternehmens gelangen in ein Postfach des Dienstleisters und werden dort digitalisiert. Daraufhin werden die Rechnungen automatisiert weiterverarbeitet. Neben organisatorischen Vorteilen kann das Outsourcing dadurch überzeugen, dass das Unternehmen im Bereich Kreditorenmanagement keine fixen Kosten trägt, sondern pro Rechnung bezahlt. Auf der anderen Seite schafft das Outsourcen eines Kernbereichs des Unternehmens jedenfalls Abhängigkeiten von einem externen Dienstleister, was gewisse Risiken mit sich bringen kann.

Bei der Automatisierung und beim Outsourcing gilt es, wie überall in der Wirtschaftswelt, eine sinnvolle Make-or-Buy-Entscheidung zu fällen.

3.2 Instrumente des Zahlungsverkehrs

3.2.1 Electronic Banking

Zielgruppe:
– alle Unternehmen

Cash-Relevanz:
– Kostenersparnis durch Vereinfachung des gesamten Zahlungsverkehrs

Beim Electronic Banking handelt es sich um eine Software, über die Zahlungsverkehr abgewickelt wird. Dagegen wird Online bzw. Internet Banking über einen Webbrowser abgewickelt. Im Gegensatz zum früheren beleghaften Zahlungsverkehr bieten diese standardisierten Tools eine Reihe von **Vorteilen**:

- kostengünstiger im Vergleich zu beleghaftem Zahlungsverkehr

- Zeitunabhängigkeit

- Übersicht über alle Bankgeschäfte (zumeist einer Bankverbindung)

- Schnittstelle zwischen Bank und Buchhaltungssoftware

- Zugang zu wichtigen Finanzinformationen (Währungskurse, Zinssätze etc.)

- Anlieferung des Untertagskontoauszugs (SWIFT-Dateiformat MT941/MT942) als Basis für die tägliche Disposition

- optional weitere Abwicklungsmöglichkeiten: Veranlagungen auf dem Geldmarkt, Akkreditiveröffnung, Erstellung von Garantien etc.

Für Electronic Banking gilt der **MultiCash**-Standard der deutschen Firma omikron als international etabliert. Neben Basisanwendungen in den Bereichen Zahlungsverkehr (innerhalb eines Landes) und Cash-Management bietet das System eine Vielzahl von Ländermodulen, mit denen nahezu der komplette Inlandszahlungsverkehr in allen zentral- und osteuropäischen Ländern durchgeführt werden kann.

3.2.2 Lastschrift

Zielgruppe:
- alle Unternehmen

Cash-Relevanz:
- geringere Kosten (elektronische Transaktionen) als beim Zahlschein

Die Lastschrift ist ein Instrument des Debitorenmanagements. Es basiert auf der Ermächtigung des Zahlungspflichtigen an den Zahlungsempfänger, von seinem Konto einen fälligen Betrag einzuziehen. Das bringt dem Zahlungsempfänger folgende Vorteile:

- Zahlungszeitpunkt und Höhe des Zahlungseingangs werden vom Unternehmen bestimmt – mit Vorteilen für die Liquiditätsplanung

- Reduktion und Vereinfachung des Mahnwesens, da eine Nichtzahlung des Kunden (Rücklastschrift) sofort erkennbar ist

- Buchung erfolgt durchgängig elektronisch (Einsparung von administrativen Kosten)

Lastschriften werden je nach Land unterschiedlich abgewickelt. Das erschwert die grenzüberschreitende Zahlung per Lastschrift enorm. Durch die Entwicklung einer einheitlichen SEPA-Lastschrift (SEPA = Single Euro Payments Area) und eines homogenen europäischen Lastschriftrechts soll dieses Zahlungsinstrument in naher Zukunft auch für den europäischen Zahlungsverkehr verfügbar werden. Für B2B-Zahlungen wird eine Variante der SEPA-Lastschrift diskutiert, die bezüglich Ausführungszyklen und Rückrechnungsfristen auf die Bedürfnisse von Geschäftskunden angepasst werden soll.

3.2.3 Folgedatenträger

Zielgruppe:
- Unternehmen mit Geschäftstätigkeit im Inland mit hoher Kunden- und/oder Rechnungszahl
- Unternehmen mit eingehenden Zahlscheinen

Cash-Relevanz:
- Kostensenkung durch automatische Auszifferung aller Abrechnungsdaten
- mittels Gutschriftstruncation wird beleghafter Zahlungsverkehr zu elektronischem Zahlungsverkehr

Der Folgedatenträger ist ein Instrument des Debitorenmanagements. Die Bank stellt dem Unternehmer einen Datenträger mit gebündelten Abrechnungsdaten zur Verfügung. Die Daten können sodann bequem in das jeweilige Buchhaltungssystem des Unternehmens eingespeist werden.

Am häufigsten wird der Folgedatenträger für die Auszifferung von eingehenden Zahlscheinen verwendet. Die Zahlscheine müssen dabei normiert vorgedruckt sein. Bei Verwendung von zusätzlich mit einer Prüfziffernrechnung vorcodierten Zahlscheinen (Truncation) wird der Zahlschein beim Eingang automatisch in einen elektronischen Datensatz umgewandelt. Beleghafter Zahlungsverkehr wird zu elektronischem Zahlungsverkehr.

Der schematische Ablauf des Folgedatenträgers wird in Abbildung 3 veranschaulicht.

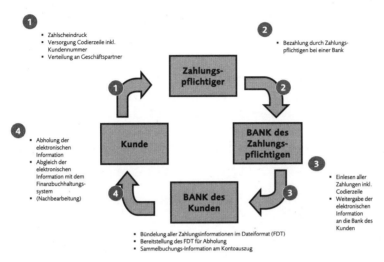

Abbildung 3: Folgedatenträger – schematischer Ablauf (Raiffeisen 2004)

Die Vorteile des Folgedatenträgers sind:

- geringerer Verwaltungsaufwand
- Zeitgewinn durch Wegfall manueller Tätigkeiten
- automatisierter Forderungsabgleich

3.2.4 Leading und Lagging

Zielgruppe:
- (internationale) Konzernunternehmen

Cash-Relevanz:
- Optimierung der Liquidität
- Minimierung des Währungsrisikos

Leading und Lagging beschreiben Praktiken der Beschleunigung bzw. Verzögerung von Zahlungsvorgängen. Die Steuerung der Zahlungszeitpunkte dient dabei der Optimierung der Liquidität sowie des Währungsrisikos in Konzernunternehmen (sehr selten auch bei längeren Geschäftsbeziehungen zwischen Kunden und Lieferanten).

Optimiert wird, indem die Liquidität möglichst lange auf den konzernintern bestverzinsten Konten gehalten wird bzw. indem innerhalb der Gruppe Zinsaufwände aus einer möglichen Soll/Haben-Konstellation minimiert werden. Das Währungsrisiko lässt sich mittels Leading und Lagging insofern steuern, als Zahlungen in einer Fremdwährung bei besonders ungünstigen Wechselkursen zurückgehalten werden, anstatt durch eine Konvertierung konzernintern einen (möglichen) Währungsverlust zu verursachen.

3.2.5 Netting

Zielgruppe:
- Konzerne mit weltweiten Niederlassungen oder Produktionsstätten

Cash-Relevanz:
- Anzahl der notwendigen Transaktionen wird minimiert
- insbesondere im Auslandszahlungsverkehr mit mehreren Währungen kostenrelevant

Beim Netting (auch: Clearing, Konzernclearing) werden im Rahmen von Konzernstrukturen gegenseitige Forderungen und Verbindlichkeiten aufgerechnet. Nur die daraus resultierenden Salden werden tatsächlich transferiert (siehe Abb. 4).

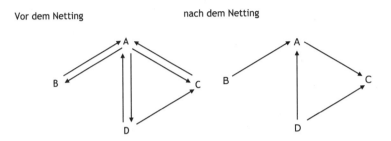

Abbildung 4: Zahlungsströme vor und nach dem Netting

Netting bietet vor allem die folgenden **Vorteile:**

- weniger Transaktionen, dadurch weniger Kosten

- weniger Transaktionsvolumen, dadurch weniger Finanzierungskosten

- Reduzierung der Transaktionslaufzeiten, damit Reduzierung des Valutaschnitts der Banken zum Zinsvorteil des Konzerns

- wenn Netting über ein zentrales Clearingcenter abgewickelt wird: günstigere Spreads auf Währungstransaktionen

- Reduktion von Zahl und Volumen der Währungstransaktionen, dadurch geringerer Aufwand für das Währungsrisikomanagement

- vereinfachte Anwendung von Leading und Lagging

- Verbesserung der Zahlungsdisziplin der Konzerneinheiten

- Verbesserung der Liquiditätsplanung durch Transparenz und im Vorfeld definierte Zahlungstermine

3.2.6 Effektives Cash Pooling

Zielgruppe:
– Konzernunternehmen
– verbundene Unternehmen

Cash-Relevanz:
– bessere Disposition durch Konzentration der Liquidität
– Zinsersparnis

Unter effektivem Cash Pooling versteht man die tägliche Zusammenführung der vorhandenen liquiden Mittel auf – idealerweise – ein Zielkonto (Master Account). Die am Cash Pooling beteiligten Konten werden auf Null gestellt, in seltenen Fällen bleibt ein Sockelbetrag auf den Konten bestehen. Grundsätzlich ist das Master Account aber das einzige Konto, das eine Unter- oder Überdeckung aufweist. Prinzipiell kann das Cash Pooling länder-, währungs- und auch bankenübergreifend erfolgen, setzt dafür allerdings die aktive Gestionierung des Unternehmens oder den Einsatz von Treasury-Software voraus.

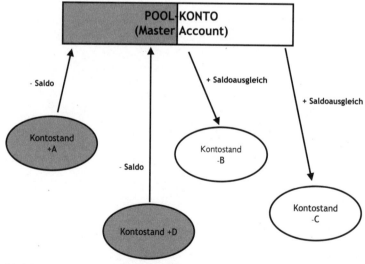

Abbildung 5: Effektives Cash Pooling

Die **Vorteile** des effektiven Cash Pooling sind:

- Zinsoptimierung (Zinsaufwandsminimierung und Zinsertragsmaximierung)

- Konditionenvorteile bei Geldmarktgeschäften, da größere Beträge veranlagt werden können (Größenvorteile)

- bessere Übersicht über Liquidität des Unternehmens/Konzerns

Die Errichtung eines Cash Pooling ist insbesondere mit großem rechtlichem Aufwand verbunden. Vorab ist neben konzerninternen Vorschriften **der rechtliche Rahmen** zu überprüfen:

- die Beteiligungsverhältnisse zwischen den einzelnen Kontoinhabern

- gesellschafts- und steuerrechtliche Aspekte

- das Gebühren- und Devisenrecht

- sonstige nationale Bestimmungen

3.2.7 Fiktives Cash Pooling

Zielgruppe:
- Konzernunternehmen
- verbundene Unternehmen

Cash-Relevanz:
- Zinsersparnis

Beim fiktiven Cash Pooling (Zinskompensation) bleiben die Salden aller beteiligten Konten effektiv bestehen, werden aber fiktiv valutagerecht auf ein internes Verrechnungskonto übertragen und aufsummiert. Der so berechnete fiktive Saldo gilt als Berechnungsbasis für die tatsächliche Verrechnung von Soll- und Habenzinsen.

Das fiktive Cash Pooling bietet die folgenden **Vorteile:**

- Zinsoptimierung

- Finanzautonomie der Teilnehmer bleibt (im Gegensatz zum effektiven Cash Pooling) erhalten

- weniger rechtliche Besonderheiten als beim effektiven Cash Pooling

Eine Zinskompensation ist allerdings – im Gegensatz zum effektiven Cash Pooling – nur innerhalb einer Bank, also auch nicht länderübergreifend möglich. Für eine länderübergreifende Zinsoptimierung bietet sich die Sonderform **Margenpooling** (Interest Enhancement) an. Dabei wird für alle Konten ein kompensierter Saldo in einer gemeinsamen Basiswährung fiktiv errechnet und als Berechnungsgrundlage für die Verzinsung herangezogen.

Auch beim fiktiven Cash Pooling ist auf die jeweils gültigen rechtlichen Gegebenheiten Rücksicht zu nehmen. In einigen Ländern ist die Zinskompensation schlicht verboten.

3.2.8 EBPP

Zielgruppe:
– Unternehmen/Institutionen mit hoher Rechnungsanzahl

Cash-Relevanz:
– Kostenreduktion durch elektronischen Rechnungseingang
– schnellerer Rechnungseingang, schnellerer Debitoreneingang

EBPP steht für Electronic Bill Presentment and Payment (elektronische Rechnungslegung und Bezahlung). Es handelt sich dabei um ein System, mit dessen Hilfe vor allem die hohen Stückkosten der Rechnungslegung per Post (Porto, Papier, Kuvert) eliminiert werden können. Die elektronische Rechnung wird dabei direkt an das Online-Banking-Tool des Kunden gesendet, der Kunde kann bei Abruf der Rechnung direkt mittels TAN eine Überweisung tätigen. Statusberichte darüber, ob der Empfänger die Rechnung eingesehen oder sogar bereits eine Zahlung angewiesen hat, ermöglichen eine neue Informationsqualität für das Debitorenmanagement.

Die Vorteile von EBPP sind:

- Reduzierung von Papier- und Portokosten
- Reduzierung von Infrastruktur-, Betriebs- und Personalkosten
- schnellere und weniger fehleranfällige Bearbeitung
- Ausgangsrechnungen können als kundenindividuell abgestimmtes Marketinginstrument verwendet werden.

Trotz der großen Vorteile für das Debitorenmanagement (alleine die beleghafte Versendung einer Rechnung kostet 1 bis 3 EUR) konnte sich EBPP bislang (noch) nicht durchsetzen.

3.2.9 Bargeldentsorgung

Zielgruppe:
- Handelsunternehmen
- bargeldintensive Branchen

Cash-Relevanz:
- Zinsvorteil durch rasche Gutschrift am Konto
- zentrale Zusammenführung von Liquidität auf ein Konto
- Reduktion der Versicherungskosten

Das Ziel der Bargeldentsorgung ist ein möglichst schneller Transfer der Tageseinnahmen (Bargeld und Schecks) zu kalkulierbaren Kosten auf das Geschäftskonto. Die Einzahlungen können auch außerhalb der Banköffnungszeiten mittels Nachttresoreinwurf erfolgen, die Wertstellung erfolgt üblicherweise mit Buchungstag +1.

Die **Vorteile** dieses Zahlungsinstruments sind:

- Zinsoptimierung durch möglichst rasche Wertstellung der Losung

- Zusammenführung der Liquidität (mehrerer Filialen) auf ein einziges Konto

- größere Sicherheit gegenüber der Bargeldlagerung im Unternehmen, dadurch auch Reduzierung der Versicherungsprämie

3.3 Kurzfristiger Zahlungsbestand

3.3.1 Kurzfristiger Finanzmittelüberschuss

Zielgruppe:
– Unternehmen mit Liquiditätsüberschuss

Cash-Relevanz:
– Zinsoptimierung

Eine Aufgabe des Cash-Managements ist es, die Zinsoptimalität liquider Mittel zu gewährleisten. Für die kurzfristige Geldanlage sind Tages- und Termingelder (Geldmarkt) geeignet, da hier in der Regel höhere Zinssatzkonditionen erzielt werden können als auf dem Kontokorrentkonto.

Bei **Tagesgeld**ern werden die Überschüsse quasi über Nacht auf einem Tagesgeldkonto „geparkt". Der Vorteil von Tagesgeldern liegt in deren täglichen Verfügbarkeit für den Anleger. **Termingeld**er werden länger als einen Tag (nur in Ausnahmefällen länger als ein Jahr) angelegt. Man unterscheidet zwischen Kündigungsgeld und Festgeld. Beim **Kündigungsgeld** wird nur eine Kündigungsfrist vereinbart, jedoch keine Anlagezeit. Beim **Festgeld** wird die Anlagezeit im Voraus festgesetzt, eine vorzeitige Verfügung über das angelegte Geld ist unter Inkaufnahme von Abzügen auf die vereinbarten Konditionen möglich.

3.3.2 Kurzfristiger Finanzmittelbedarf

Geldleihe

> **Zielgruppe:**
> – alle Unternehmen bzw. Unternehmen mit kurzfristigem Finan-
>   zierungsbedarf
>
> **Cash-Relevanz:**
> – Liquiditätsbeschaffung
> – Überbrückung von kurzfristigen Liquiditätsengpässen

Das Wesen eines **Kredit**s liegt darin, dass der Kreditgeber eine Leistung in der Gegenwart erbringt (etwa: Geld leiht) und der Kreditnehmer sich verpflichtet, die Gegenleistung in der Zukunft zu erfüllen (etwa: den Betrag samt Zinsen zurückzuzahlen).

Neben der **kurzfristigen Geldaufnahme** in Form von Tages-, Termingeldern bzw. **Barvorlage**n sind besonders die folgenden Formen von Geldleihe cash-relevant: Lieferantenkredite, An- und Teilzahlungen von Kunden und Kontokorrentkredite. Diese werden im Folgenden knapp dargestellt.

- Lieferantenkredit

Der Lieferantenkredit ist immer dort anzutreffen, wo Zahlungsziele gewährt werden. Er entsteht aus Warengeschäften von einem Unternehmen an ein anderes, das nicht konzernmäßig verbunden ist. Durch den Kredit gibt der Lieferant seinem Kunden die Chance, die Verbindlichkeit aus den eigenen Umsatzerlösen zu begleichen. Prinzipiell wird der Lieferantenkredit als Buchkredit vergeben, kann aber auch als verbriefter Wechselkredit zur Verfügung gestellt werden, sodass der Lieferant die Möglichkeit hat, den Wechsel bei der Bank zum Diskont einzureichen. Zwar werden für den Lieferantenkredit keine Zinsen verlangt, die Ausnützung des Lieferantenkredits geht allerdings zumeist mit (sehr teurem) Skontoverlust einher. Insofern ist die Ausnützung des Lieferantenkredits vorwiegend für liquiditäts- und kapitalschwache Unternehmen empfehlenswert.

- **An- und Teilzahlungen**

In bestimmten Branchen (z.B. Baubranche) ist die (Vor-)Finanzierung über An- und Teilzahlungen üblich. Dabei handelt es sich um vom Auftraggeber unverzinst zur Verfügung gestellte Kredite. Zur Absicherung des Risikos, dass der Auftragnehmer die Leistung nicht erfüllt, kann eine Bankgarantie verlangt werden, die allerdings mit zusätzlichen Kosten verbunden ist, die den Kredit indirekt verteuern.

- **Kontokorrentkredit**

Immer wenn sich Kontokorrentkonten im Soll befinden, wird ein Kontokorrentkredit in Anspruch genommen. Grundsätzlich dient der Kontokorrentkredit der kurzfristigen Finanzierung von Spitzenbelastungen und ist verhältnismäßig (z.B. im Vergleich zu einer Barvorlage) teuer: Für die Ausnützung des Kreditrahmens werden Sollzinsen verrechnet, die seit Einsetzen der Subprime-Krise um einen **Liquiditätsaufschlag** erhöht werden; wird der Rahmen überzogen, berechnet die Bank Überziehungszinsen. Die Bereitstellung des Rahmens lässt sich die Bank oftmals zusätzlich durch eine Bereitstellungsprovision entgelten, wodurch der effektive Sollzins erheblich höher werden kann. Abbildung 6 stellt den Zusammenhang von Sollzinsen, Bereitstellungsprovision und Überziehungszinsen graphisch dar.

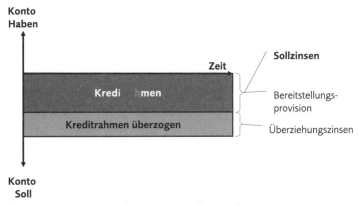

Abbildung 6: Zinsenstruktur am Kontokorrentkonto

Kreditleihe – Bankgarantie

Zielgruppe:
– Unternehmen mit größeren Geschäftsvolumina
– Unternehmen mit internationalen Handelsbeziehungen
– Unternehmen, die an öffentlichen Ausschreibungen teilnehmen
– Unternehmen im Projekt- und Anlagegeschäft

Cash-Relevanz:
– schont die Liquidität
– ACHTUNG: belastet die Bonität

Bei der Kreditleihe verleiht der Kreditgeber kein Geld, sondern seine Kreditwürdigkeit. Er übernimmt also die Haftung dafür, dass der Kreditnehmer seiner Zahlungsverpflichtung nachkommt. Das hat für den Kreditnehmer auch große Cash-Relevanz, denn er kann dadurch ein Geschäft durchführen, ohne seine Liquidität durch Hinterlegung eines Geldbetrags zu binden. Doch auch wenn kein Cash fließt – für eine Bankgarantie benötigt man Sicherheiten, womit sie die Bonität eines Unternehmens belasten kann.

Prinzipiell vergibt die Bank einen **Haftungs- bzw. Avalkredit,** überwiegend in Form einer Bankgarantie. Bei einem Avalkredit leiht die Bank ihrem Kunden gegenüber einem Dritten bis zu einer gewissen Haftungssumme ihre Kreditwürdigkeit.

Die **Bankgarantie** weist (z.B. im Gegensatz zu einer Bürgschaft) eine strenge Haftung auf. Das bedeutet, dass die Bank jedenfalls die Haftungssumme zahlen muss, wenn die Bankgarantie gezogen wird – unabhängig davon, ob die Bankgarantie zu Recht gezogen wurde. Die Kosten einer Bankgarantie – Avalprovision, Erstellungsgebühr, Spesen, evtl. Änderungsgebühr, evtl. Bearbeitungsgebühr – trägt üblicherweise der Auftraggeber. Besonders in Zentral- und Osteuropa sind Bankgarantien sehr teuer.

Bankgarantien sind oftmals im Exportgeschäft sowie im Zuge öffentlicher Ausschreibungen gebräuchlich.

Kreditsubstitute

Zielgruppe:
– Unternehmen mit Finanzierungsbedarf

Cash-Relevanz:
– Erweiterung und teilweise Förderung von Liquidität

Vor allem durch den Basel-II-Prozess und die Subprime-Krise wird die Aufnahme von Kapital für Unternehmen immer schwieriger und für Unternehmen mit schwächerer Bonität zusätzlich teurer. Diese Entwicklung bildet den Nährboden für alternative Finanzierungsformen: Factoring und Leasing.

Factoring: Beim Factoring verkauft ein Unternehmen laufend seine Forderungen aus Lieferungen und Leistungen an den Faktor, ein spezialisiertes Finanzierungs- und Kreditinstitut. Der Faktor überweist ca. 80 bis 90 Prozent der Rechnungswerte sofort und behält den Rest der Forderungssumme als Sicherheit.

Der Faktor kann je nach Wunsch bis zu drei **Funktionen** erfüllen:

- Finanzierungsfunktion: Ankauf und Kreditierung von Forderungen; hierfür werden Sollzinsen verlangt.

- Kreditsicherungsfunktion: Übernahme des Delkredererisikos; hierfür wird zusätzlich eine Delkrederegebühr verrechnet.

- Dienstleistungsfunktion: Übernahme von Debitorenbuchhaltung, Mahnwesen, Fakturierung etc.

Factoring bietet für das Cash-Management eines Unternehmens die folgenden **Vorteile:**

- Verkürzung des Cash-Zyklus (gefactorte Umsätze haben den Charakter von Barverkäufen), was zu besserer Liquidität führt

- bessere Prognostizierbarkeit von Zahlungsströmen, wodurch die Liquiditätsplanung verbessert wird

Leasing: Beim Leasing kommt es zur entgeltlichen Nutzenüberlassung eines Wirtschaftsguts auf Zeit. Der Leasingnehmer zahlt an den Leasinggeber Miete, etwa bei Banken übliche Sicherheiten sind nicht nötig. Ein späterer Kauf oder Übergang des Wirtschaftsguts ist möglich.

Für den Leasingnehmer bietet dieses Vorgehen vor allem die folgenden **Vorteile:**

- kurzfristige Liquiditätsvorteile gegenüber einem Kauf mit Eigen- oder Fremdfinanzierung

- Schonung von Banksicherheiten gegenüber einem Kauf mit Fremdfinanzierung

3.4 Exportfinanzierung

3.4.1 Dokumenteninkasso

Zielgruppe:
– Unternehmen mit internationalen Handelsbeziehungen

Cash-Relevanz:
– relativ günstiges internationales Zahlungsinstrument, wenn
  Vorauszahlung und Lieferantenkredit nicht möglich sind

Beim Dokumenteninkasso handelt es sich um ein Zahlungsinstrument für den Export, das größere Sicherheit als eine of-
fene Rechnung bietet. Im Prinzip funktioniert das Dokumenteninkasso so, dass die vom Exporteur beauftragte Bank die
Dokumente beim Importeur präsentiert und im Gegenzug
den geschuldeten Betrag („documents against payment")
oder einen Wechsel („documents against acceptance") ein-
holt. Damit wird das Zug-um-Zug-Prinzip gewährleistet. Abbildung 7 stellt den Ablauf einer Zahlung mit Dokumenteninkasso dar.

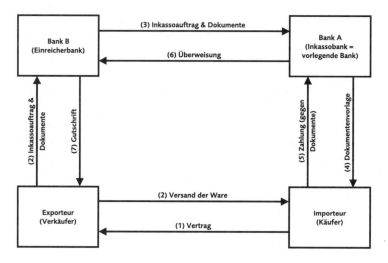

Abbildung 7: Ablaufschema Dokumentinkasso („documents against
payment)

Das Dokumenteninkasso stellt somit sicher, dass der Kunde die Dokumente erst dann bekommt, wenn er bezahlt bzw. einen Wechsel aushändigt. Daraus ergibt sich, für welche Risiken das Dokumenteninkasso keine Sicherheit gewährt:

- Risiko, dass der Importeur die Ware nicht entgegen nimmt
- Risiko, dass die Importeurbank nach Aushändigung der Dokumente nicht bezahlt
- politisches Risiko

3.4.2 Dokumentenakkreditiv

Zielgruppe:
– Unternehmen mit internationalen Handelsbeziehungen

Cash-Relevanz:
– relativ günstiges internationales Zahlungsinstrument, wenn Vorauszahlung und Lieferantenkredit nicht möglich sind
– kurzfristiges Finanzierungsinstrument

Das Dokumentenakkreditiv ist ebenso wie das Dokumenteninkasso ein Zahlungsinstrument für den Außenhandel, das das Zug-um-Zug-Prinzip zwischen Importeur und Exporteur ermöglicht. Das Akkreditiv wird vom Importeur bei seiner Hausbank eröffnet, die sich zur Abwicklung mit einer Korrespondenzbank (häufig die Hausbank des Exporteurs) in Verbindung setzt. Das Ablaufschema wird in Abbildung 8 dargestellt.

Im Unterschied zum Dokumenteninkasso bietet das Akkreditiv deutlich **mehr Zahlungssicherheit,** weil es ein abstraktes Zahlungsversprechen beinhaltet. Das bedeutet, dass die Bank mit dem Akkreditiv eine Zahlungsverpflichtung eingeht, die vom Warengrundgeschäft losgelöst ist. Allerdings ist die Zahlungsverpflichtung an die Erfüllung strenger Formvorschriften gebunden, die bis zu einer festgelegten Frist gewährleistet werden müssen.

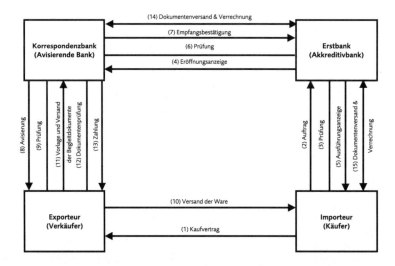

Abbildung 8: Ablaufschema Dokumentakkreditiv (Quelle: Transport-Informations-Service, o.D.)

Das Dokumentenakkreditiv kann ebenso eine **Kreditfunktion** erfüllen: Wenn die Importeurbank zur Akkreditivstellung keine Bedeckung verlangt, bleibt dem Importeur die Liquidität bis zur Ausnützung des Akkreditivs erhalten. Die Liquidität des Exporteurs bleibt bei Akkreditivübertragung oder Abtretung des Zahlungsanspruches an Dritte erhalten.

Es gibt Unter- und Sonderformen des Dokumentenakkreditivs. Die gängigste Unterscheidung ist die zwischen einem **un-bestätigt**en und einem **bestätigt**en Akkreditiv. Bei einem un-bestätigten Akkreditiv führt die Korrespondenzbank nur die Weisungen der Erstbank durch, haftet somit nicht für die ordnungsgemäße Zahlung. Beim bestätigten Akkreditiv haftet dagegen auch die Korrespondenzbank (neben der Erstbank).

3.4.3 Öffentliche Exportförderung

Zielgruppe:
– exportorientierte Unternehmen

Cash-Relevanz:
– Absicherung von Export-Risiken
– relativ günstige Finanzierungsform

Der Export ist ein wichtiger Wirtschaftsmotor jeder Volkswirtschaft. Von daher haben alle Staaten großes Interesse daran, den heimischen Export zu unterstützen. Das geschieht durch Exportförderungen in Form von Exportabsicherungs- und Exportfinanzierungsinstrumenten, also vor allem durch Kredite aus öffentlicher Hand, Zinsbeihilfen, Bürgschaften und Garantien.

Exportabsicherung

Bei der Exportabsicherung haftet der Staat für nicht marktfähige Risiken aus dem Export. In Deutschland werden solche Garantien durch die Euler Hermes Kreditversicherungs-AG abgewickelt (Fabrikationsrisikodeckungen, Deckungen für kurzfristige und langfristige Exportgeschäfte, Deckung für gebundene Finanzkredite), in Österreich durch die Österreichische Kontrollbank AG (Exportrisikogarantien, Wechselbürgschaften, Markterschließungsgarantien), in der Schweiz und in Liechtenstein durch die Schweizer Exportrisikoversicherung (SERV), die sich im öffentlich-rechtlichen Besitz befindet (Lieferantenkreditversicherung, Fabrikationsrisikoversicherung, Käuferkreditversicherung, Vertragsgarantieversicherung, Beschlagnahmerisikoversicherung).

Exportfinanzierung

Im Rahmen der Exportfinanzierung werden den Exporteuren relativ günstige Kredite zur Verfügung gestellt. In Deutschland werden solche Kredite von der Kreditanstalt für Wiederaufbau (KfW) vergeben, allerdings nur für Unternehmen, die in Entwicklungsländer exportieren. Es werden vor allem Refinanzierungs- und Bestellerkredite vergeben. Bei Bestellerkrediten gewährt die KfW dem ausländischen Vertragspartner des deutschen Exporteurs einen Kredit, der zur Zahlung des Kaufpreises verwendet wird. Für den deutschen Exporteur wird das Geschäft dadurch zu einem Barzahlungsgeschäft mit dementsprechenden Vorteilen für die Liquidität. In Österreich existiert für Großunternehmen der Kontrollbank-Refinanzierungsrahmen, ein revolvierender Rahmen, der bis zu einer Höhe von 12 % des letztjährigen Exportumsatzes ausgenützt werden kann. Kleine und mittelgroße Unternehmen können bei der Exportfonds GmbH um einen Exportfondskredit in Höhe von bis zu 30 % des letztjährigen Exportumsatzes bzw. des erwarteten Exportumsatzes für das laufende Geschäftsjahr ansuchen.

3.5 Bankenkonditionen und Bankenmanagement

Zielgruppe:
– alle Unternehmen

Cash-Relevanz:
– Kostenrelevanz

Unserer Erfahrung nach sind Bankenkonditionen für jeden Kunden sehr individuell gestaltet und von daher ein „heißes" Thema für das Cash-Management. Der Konditionenvergleich stellt dabei ein wichtiges Instrument auf dem Weg zur Konditionenoptimierung dar, erweist sich allerdings aufgrund der undurchsichtigen Preispolitik von Banken als schwierig durchzuführen.

Diese **Intransparenz** wird in Joachim Süchtings Standardwerk „Bankmanagement" damit erklärt, dass die Kosten der Banken überwiegend Gemeinkosten- bzw. Fixkostencharakter haben. Einzelne Teildienstleistungen können somit nicht leistungsgerecht bepreist werden. Die Banken streben daher die kundenindividuelle Erlösmaximierung an. Bei Konditionenverhandlungen wird versucht, den Gesamtpreisnachlass möglichst gering zu halten. Und dieses Vorhaben wird durch eine hohe Anzahl von Teilbepreisungen unterstützt, bei denen die Bank den Spielraum hat, vereinzelt Preisnachlässe zu gewähren, die aber in Summe eine nur geringe Hebelwirkung auf den Gesamtpreisnachlass aufweisen.

Freilich muss auch die Bank ihre Preise argumentieren können. Als Richtwerte für Zinskonditionen etwa dienen Referenzzinssätze wie der Tagesgeldzinssatz EONIA oder die EURIBOR-Zinssätze. Es handelt sich dabei um Durchschnittszinssätze, zu denen sich Banken gegenseitig Geld leihen. Je nach Bonität muss das Unternehmen mit unterschiedlich hohen Auf- bzw. Abschlägen auf die Referenzzinssätze rechnen.

Zur Optimierung von Kosten der Bankenbeziehungen empfiehlt sich ein regelmäßiges **Monitoring der Bankenkonditionen**. Ein Konditionenbenchmarking, wie es von CASHFINDER® angeboten wird, ermöglicht dem Cash-Management dabei ein rasches Erkennen und Umsetzen von Einsparungspotenzialen.

Prinzipiell erscheint es aus Sicht eines aktiven Cash-Managements ratsam, zumindest alle zwei bis fünf Jahre die aktuellen Bankbeziehungen zu evaluieren. Dadurch kann ein adäquater und aktueller Überblick über Finanzierungen gewonnen und bestehende Finanzierungen und Vereinbarungen überprüft werden. Angesichts der Tatsache, dass die meisten Unternehmen über mehr als eine Bankverbindung verfügen, ist bei einer solchen Evaluierung stets zu hinterfragen, ob mehrere Bankverbindungen – die zumeist höhere Gesamtkosten mit sich bringen – (aus Sicht der Risikostreuung) für das Unternehmen notwendig sind und ob die einzelnen Banken den aktuellen und zukünftigen Anforderungen des Unternehmens genügen.

4. Zur steigenden Bedeutung und den Potenzialen von Cash-Management

Im Zuge der Umsetzung von Basel II haben die Banken das Ausfallsrisiko von Unternehmen wieder verstärkt ins Blickfeld genommen. In Folge dessen werden Kredite tendenziell teurer (bzw. schwerer zu bekommen), wodurch die Nachfrage nach Finanzierungsalternativen steigt. Die Möglichkeiten von Beteiligungsfinanzierungsmodellen und Corporate Bonds werden rege diskutiert. Die Umsetzung solcher einschneidender Veränderungen wird allerdings noch einige Zeit auf sich warten lassen.

Weniger einschneidend und damit schneller umzusetzen sind dagegen die in Kapitel 3 beschriebenen Instrumente des Cash-Managements. Indem es bewirkt, dass

- die richtige Menge Geld zum richtigen Zeitpunkt am richtigen Konto ist,

- die fehlende Liquidität möglichst günstig beschafft wird oder

- überschüssige Liquidität möglichst gewinnbringend angelegt wird,

trägt das Cash-Management aktiv zu einer deutlichen und nachhaltigen Verbesserung von Bilanz- und Liquiditätskennzahlen bei.

Konkret werden im Bereich des Zahlungsbestandes das Leasing (schont das Eigenkapital und die Kreditlinien bzw. die Sicherheiten) und das Factoring (direkte Liquiditätserhöhung) weiter an Bedeutung gewinnen. Die Verbesserung bestehender Cash-Management-Strukturen ist ein Dauerbrenner, da hier aus unserer Sicht nach wie vor ein großes Optimierungspotenzial existiert.

Die cash-relevanten Unternehmensprozesse, die aus unserer Sicht am häufigsten einer **laufenden Optimierung und aktiven Steuerung** bedürfen, sind:

Disposition und Planung:

- niedrig verzinste Bankguthaben und hoch verzinste Bankverbindlichkeiten

- fehlende/mangelhafte Finanz- und Dispositionspläne, die zu plötzlichen Liquiditätsengpässen führen und nur durch sehr teure Bankkredite bzw. Überziehungen beseitigt werden können

Debitoren:

- hohes Umlaufvermögen (hohe Lagerstände und hohe Kundenforderungen)

- lange Außenstandsdauer

- ineffiziente Abwicklung der OP-Auszifferung und geringer Automatisierungsgrad

Kreditoren:

- geringe Ausnutzung attraktiver Lieferantenskonti

- geringe Prozessautomatisierung

- Doppelüberweisungen

- USt-Rückerstattung (international)

Banken:

- hohe Geldspesen/Geldverkehrskosten

- schlecht verzinste Bankguthaben statt höher verzinster Geldanlagen

Risiko:

- hohe Fremdwährungsverluste

Es mag überraschen, dass diese auf den ersten Blick relativ einfachen Themen Einsparungspotenzial bergen. Warum diese vielen Chancen zur Verbesserung des Finanzergebnisses im Bereich Cash-Management nicht wahrgenommen werden, ist aus unserer langjährigen Erfahrung als Finanzoptimierer insbesondere auf folgende zwei Gründe zurückzuführen:

- **Mangel an Zeit- und personellen Ressourcen** zur internen Umsetzung

- **fehlende Benchmarks** im Bereich Cash-Management, wodurch die handelnden Personen im Unklaren darüber sind, ob es ein Potenzial im Cash-Management gibt und wie hoch es eigentlich ist.

II. Cash-Management in Zentral- und Osteuropa – Länderprofile

Übersicht

Im Rahmen dieses Kapitels erfolgt anhand von Länderprofilen die Darstellung des Cash-Managements der zentral- und osteuropäischen Mitgliedsstaaten der EU-27. Im Rahmen einer Präambel wird kurz auf den Aufbau der Länderprofile sowie auf unsere Informationsquellen eingegangen.

Präambel

1. Zur Struktur der Länderprofile

Die dargestellten zehn Länderprofile (neue EU-Mitgliedsstaaten ohne Zypern und Malta) sind gleich aufgebaut. Beim Verfassen haben wir uns an das Prinzip gehalten, dass ein Bild mehr aussagt als tausend Worte. Die meisten Informationen sind daher in Form von Diagrammen oder Tabellen dargestellt und sollten Ihnen einen schnellen Überblick über die Inhalte bieten, die für Sie interessant sind.

Die Länderprofile sind jeweils in fünf Kapitel untergliedert:

1.1 Kapitel 1 – Ausgewählte Zahlen und Entwicklungen

Zum Einstieg finden Interessierte die wichtigsten volkswirtschaftlichen Daten des jeweiligen Landes grafisch aufbereitet. Zahlen gewinnen erst an Aussagekraft, wenn sie in der zeitlichen Entwicklung und im Vergleich mit anderen Zahlen betrachtet werden können. Daher werden die Angaben (wo möglich) längsschnittartig und jeweils im Vergleich mit dem Durchschnitt der EU-27 und den Ländern Deutschland, Österreich und Schweiz dargestellt.

Folgende Indikatoren werden hier für jedes Land dargestellt:

1. jährliche prozentuelle Entwicklung des Bruttoinlandsprodukts im Vergleich zum Vorjahr (2002 bis 2009)

2. jährliche Entwicklung des Bruttoinlandsprodukts pro Kopf im Vergleich zum EU-27-Durchschnitt (2002 bis 2008; graphisch im Statistischen Anhang)

3. monatliche harmonisierte Arbeitslosenquote in Prozent (Jänner 2006 bis April 2009; graphisch im Statistischen Anhang)

4. monatliche prozentuelle Steigerungsrate des Harmonisierten Verbraucherpreisindex (Jänner 2006 bis März 2009)

5. Korruptionsindex von Transparency International (2008, graphisch im Statistischen Anhang)

Die Berechnungsweise und Aussagekraft dieser Indikatoren wird im Anhang dieses Buches erläutert.

1.2 Kapitel 2 – Währungs- und Zinsindikatoren

Von allgemeinen volkswirtschaftlichen Indikatoren getrennt, werden in diesem Kapitel für alle Länder die Wechselkursentwicklung im Verhältnis zum Euro (Jänner 2006 bis März 2009) sowie die Entwicklung der wichtigsten Leitzinssätze (Juni 2008 bis April 2009) dargestellt.

Für die Slowakei und Slowenien entfällt dieses Kapitel, da beide Länder dem Euroraum angehören.

1.3 Kapitel 3 – Bankenlandschaft

In diesem Kapitel bieten wir einen Überblick darüber, welche Banken im jeweiligen Land vertreten sind. Wir haben uns darauf beschränkt, die jeweils zehn wichtigsten Banken des Landes (nach Bilanzsumme) darzustellen. Sie werden nach Marktanteilen geordnet samt Gruppenzugehörigkeit und Besitzverhältnissen (so auffindbar) dargestellt.

1.4 Kapitel 4 – Zahlungen

In diesem Kapitel liefern wir die wichtigsten Informationen rund um den Zahlungsverkehr des jeweiligen Landes. Folgende Informationen stellen wir für jedes Land dar:

1. die nationale Clearing-Infrastruktur

2. die wichtigsten Zahlungsinstrumente samt statistischer Auswertung (relativ und absolut), jeweils im Vergleich zum EU-27-Durchschnitt (Zahlen für 2007)

3. mögliche Devisenbeschränkungen

4. die Cut-Off-Zeiten der wichtigsten Banken

1.5 Kapitel 5 – Instrumente des Cash-Managements

Haben die Kapitel 1 bis 4 eher Überblickscharakter, bildet dieser Abschnitt den eigentlichen **Kern dieser Publikation.**

Wir gehen hier auf die Möglichkeiten des Electronic-Banking-Systems sowie auf die angebotenen Cash-Management-Produkte der jeweiligen Banken in Zentral- und Osteuropa ein. Wir fragen dabei, welche Banken welche Features anbieten bzw. nicht anbieten. Durch die tabellarische Darstellung der Ergebnisse können die Banken eines Landes in Hinblick auf ihre Cash-Management-Leistungskraft schnell miteinander verglichen werden. – Freilich gibt eine solche Darstellung vorwiegend über das Vorhandensein eines Features/einer Dienstleistung Auskunft, nicht über dessen/deren Qualität.

Im Bereich **Electronic Banking** haben wir das Vorhandensein der folgenden Funktionen überprüft:

1. Sammelüberweisung

2. Dauerauftrag

3. Lastschriftverfahren

4. Inlands- und Auslandszahlungsverkehr

5. SEPA-Zahlungen

6. Finanzamtszahlungen

7. Valutarische Vorschau

8. Untertagskontoauszug (MT941/MT942)

9. Anzeige von Zinssatzänderungen (z.B. Geldmarktzinssätze)

10. Anzeige von Bankleitzahlen

11. Dislozierte Unterschrift (z.B. größere Überweisungen müssen von mehreren Personen abgezeichnet werden; „4-Augen-Prinzip")

Im Bereich **Cash-Management-Services** haben wir das Vorhandensein der folgenden Produkte überprüft:

1. Unterstützung bei Netting

2. Effektives Cash Pooling

3. Fiktives Cash Pooling

4. Margenpooling

5. Bargeldlogistik/Losungsabfuhr

6. Dokumentengeschäft

7. Folgedatenträger

8. Factoring

9. Leasing

10. Elektronische Rechnungslegung und –bezahlung (EBPP)

11. Zugang zum Geldmarkt

2. Zur Datenerhebung

Folgende Quellen wurden zur Datenerhebung herangezogen:

- Interviews mit den Cash-Management-Experten der Bankengruppen per Telefon oder per E-Mail mit einem standardisierten Excel-Fragebogen

- Interviews mit den Cash-Management-Experten in den Ländern per Telefon oder per E-Mail mit einem standardisierten Excel-Fragebogen

- Wo trotz Bemühungen unsererseits keine Interviews geführt werden konnten: Informationen auf den Länder-Websites der Banken

BULGARIEN

Steckbrief

Staatsform:	**Parlamentarische Republik**
Hauptstadt:	**Sofia**
Staatsfläche:	**111.000 km^2**
Bevölkerungszahl:	**7,6 Mio.**
Währung:	**Bulgarischer Lew** (= 100 Stotinki)
EU-Mitgliedschaft:	**seit 1. 1. 2007**

1.   Ausgewählte Zahlen und Entwicklungen

1.1 Wirtschaftswachstum

Die Wirtschaft Bulgariens wuchs (ausgedrückt durch das Wachstum des Bruttoinlandsprodukts) in den letzten Jahren zwischen 4,5 % und 6,3 %. Diese Werte, im Vergleich mit dem EU-27-Durchschnitt deutlich höher, sind für ein ehemaliges Ostblockland im wirtschaftlichen Aufholprozess (mit dementsprechendem Wachstumspotenzial) üblich. Im Jahr 2009 wird die Krise auch in Bulgarien spürbar sein. Die Wirtschaft wird laut Schätzungen um 1,6 % schrumpfen. Mit diesem Wert liegt Bulgarien dennoch deutlich unterhalb des EU-27-Durchschnitts sowie weit von manchen hohen Minuswerten anderer EU-Länder (vor allem der Baltischen Staaten) entfernt.

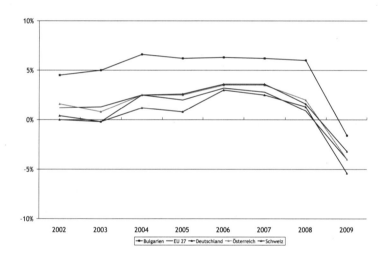

1.2 BIP pro Kopf

Die Entwicklung des bulgarischen Bruttoinlandsprodukts pro Kopf verlief im Beobachtungszeitraum leicht steigend. Eine Annäherung an den EU-27-Durchschnitt (= Benchmark 100) ist statistisch sichtbar, freilich nicht in Griffweite: Bulgarien ist (noch hinter Rumänien) das abgeschlagene Schlusslicht dieser EU-27-Statistik (siehe Graphik im Anhang).

1.3 Arbeitslosigkeit

Im Vergleichszeitraum Jänner 2006 bis April 2009 verzeichnete Bulgarien einen deutlichen Rückgang seiner Arbeitslosenrate. Vom Jänner 2006 bis Dezember 2008 halbierte sie sich von 10 % auf 5 % und lag damit klar unterhalb des damaligen EU-Durchschnitts von 7,8 %. Ab diesem Zeitpunkt ist im Gefolge der Subprime-Krise (parallel zu den Entwicklungen in den meisten anderen EU-Ländern) ein Anstieg der Arbeitslosigkeit zu verzeichnen (siehe Graphik im Anhang).

1.4 Inflation

Anhand der Graphik lässt sich für Bulgarien eine hohe Inflation, ausgedrückt durch die prozentuelle Steigerung des Harmonisierten Verbraucherpreisindex, ablesen. Im März 2009 betrug der EU-27-Durchschnitt ca. 9 % mehr als im Jänner 2006 (Benchmark 100), die bulgarische Inflation stieg im gleichen Zeitraum um mehr als das Dreifache. Die hohe Inflation wird oftmals als Hürde für den geplanten Beitritt zum Euroraum (spätestens im Jahr 2012) genannt.

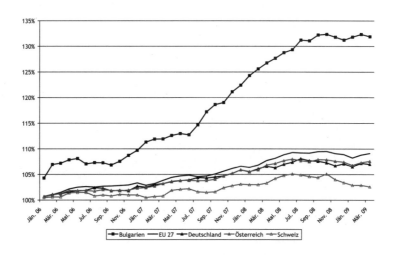

1.5 Korruption

Der Korruptionsindex von Transparency International verzeichnet für Bulgarien den Wert von 4,1 und den 64. Rang.

Damit befindet sich Bulgarien in Hinblick auf Korruption im hinteren Feld der EU-27, weltweit betrachtet im Mittelfeld (siehe Graphik im Anhang).

2. Währungs- und Zinsindikatoren

2.1 Entwicklung Währungskurs BGN zu EUR
Der BGN ist an den Euro fest gekoppelt. Ein Euro entspricht 1,9558 BGN.

2.2 Entwicklung ON- und 3M-Zinssatz
Im Beobachtungszeitraum Juni 2008 bis April 2009 bewegte sich der bulgarische 3-Monats-Zinssatz zwischen 6 % und 8 %, der Overnight-Zinssatz zwischen 2 % und knapp 6 %. Nach einem Hoch zum Jahreswechsel 2009 hin zeigt die Zinssatzentwicklung – analog zur Zinslage im EURO-Raum – einen eindeutigen Abwärtstrend.

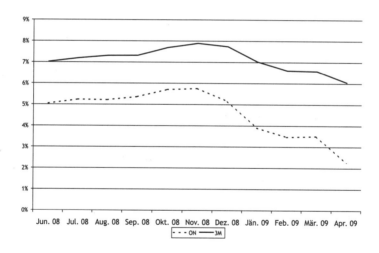

3. Bulgarische Bankenlandschaft

	Markt-anteile in %	Bank	Gruppe	Eigentümer-verhältnisse
1	15,3%	UniCredit Bulbank	UniCredit (I)	UniCredit Group: 85,2% International Finance Corporation 5,3% Allianz AG: 5% SIMES: 2,5% Andere: 2%
2	13,3%	DSK	OTP Group (HUN)	OTP Bank: 100%
3	10,4%	United Bulgarien	National Bank of Greece (GR)	National Bank of Greece: 99,99% Andere: 0,01%
4	10,1%	Raiffeisen Bank	Raiffeisen (A)	Raiffeisen International Bank-Holding AG: 100%
5	7,4	EFG Eurobank	EFG Group (GR)	EFG Group: 43,7% Institutionelle Investoren: 22,9% Streubesitz: 33,4%
6	7,1%	First Investment Bank	–	Tzevo Minev (28,94%) Ivailo Mutafchiev (28,94%) Domenico Ventures Ltd. (9,72%) Rafaela Consultants Ltd. (9,72%) Legnano Enterprises Ltd. (7,68%) Streubesitz (15%)
7	6%	Piraeus Bank	Piraeus Bank (GR)	99% Piraeus Bank 1% Andere
8	3,4%	Economic & Investment Bank	KBC Group (BEL)	KBC Group: 75% Tzvetelina Borislavova: 22,3% Streubesitz: 2,7%
9	3%	SG Expressbank	Societe Generale Group	Societe Generale Group: 97,95% Streubesitz: 2,05%
10	3%	Corporate Commercial Bank	–	–

4. Zahlungen in Bulgarien

4.1 Clearing-Systeme

Die bulgarischen Banken- und Kartenclearinghäuser werden privat betrieben, wobei die Bulgarische Nationalbank (BNB) jeweils Anteile an beiden Häusern hält. Das Bankenclearing erfolgt über das System BISERA, das von der Bankservice AD betrieben wird. Über BISERA werden alle Zahlungen unterhalb von 100.000 BGN sowie alle Lastschriften abgewickelt. Das System BORICA, von Borica AD betrieben, ist für das Kartenclearing zuständig (Debitkarten: VISA Electron und Maestro; Kreditkarten: VISA, MasterCard, Diners Club, AmEx).

Die von den zwei Clearinghäusern errechneten Beträge werden über das zentrale Überweisungssystem RINGS abgewickelt, das im Besitz der BNB steht und von dieser auch betrieben wird. Neben den Nettingbeträgen ist RINGS für die Abwicklung aller Inlandsüberweisungen ab 100.000 BGN zuständig. Die Überweisungen werden in Echtzeit durchgeführt.

Etwas abseits des geschilderten Clearing-Systems operiert die Bulgarische Post. Sie spielt eine wichtige Rolle bei der Auszahlung der Pensionen, bei Cash-Transfers (nur Inland) sowie für das Bankengeschäft, da Banken zur Abwicklung des (Privat-)Kundengeschäfts zum Teil die Infrastruktur der Postfilialen mitbenützen.

4.2 Zahlungsinstrumente

Zahlungs-instrument	Anzahl			Wert		
	in Mio. Stk.	%	% EU	in Mio. EUR	%	% EU
Überweisung	51	82,26	27,91	112.024	99,13	90,61
Lastschrift	1	1,61	25,31	317	0,28	5,29
Kredit-/Debitkarte	10	16,13	36,83	669	0,59	0,54
Scheck	–	0,00	8,55	–	–	3,01
E-Money	–	0,00	0,66	–	–	0,03
Andere	–	0,00	0,74	–	–	0,52
Summe	**62**	**100**	**100**	**113.010**	**100**	**100**

Quelle: EZB online (Zahlen von 2007)

4.3 Devisenbeschränkungen

Einerseits gibt es in Bulgarien keine Devisenbeschränkungen. Andererseits gelten gesetzlich geregelte Meldepflichten für Auslandsüberweisungen ab 25.000 BGN. Hierbei müssen der Bulgarischen Nationalbank der Überweisungsgrund genannt und bestimmte Unterlagen vorgelegt werden.

4.4 Cut-off-Zeiten

In der folgenden Tabelle finden Sie die Zeiten für Standard- und Eilüberweisungen, bis zu denen eine elektronische Inlands- oder Auslandszahlung von den Banken taggleich verarbeitet wird. Ab einer Summe von 100.000 BGN haben alle Inlandszahlungen den Charakter von Eilüberweisungen, da sie über das RTGS RINGS abgewickelt werden. Hier muss auf die anderen Cut-Off-Zeiten geachtet werden.

Für beleghafte Überweisungen und Zahlungen innerhalb einer Bankengruppe gelten oft andere Cut-Off-Zeiten. Die Cut-Off-Zeiten für den AZV beziehen sich auf EUR-Zahlungen. Vorsicht: Für Zahlungen in anderen Währungen können andere Cut-Off-Zeiten gelten.

Wenn bei einer Bank keine elektronische Zahlung möglich ist, haben wir stattdessen die Cut-Off-Zeiten des beleghaften Zahlungsverkehrs genommen und das in der Tabelle mit einem (b) vermerkt.

Bitte beachten Sie, dass es sich bei den angegebenen Cut-Off-Zeiten um lokale Angaben (CET +1) handelt!

	IZV		AZV	
	standard	eil	standard	eil
UniCredit Bulbank (UniCredit, I)	16:30 (b)	15:00 (b)	14:30 (b)	14:30 (b)
DSK (OTP, HUN)	14:00	15:00	15:00	12:00
United Bulgarian (NBG, GR)	14:00	14:00	14:00	12:00
Raiffeisen Bank (Raiffeisen, A)	14:00	14:00	09:00	09:00
EFG Eurobank (EFG Eurobank, GR)	15:00	14:00	12:00	12:00
First Investment (–)	n.a.			
Piraeus Bank (Piraeus Bank, GR)	14:00	15:00	15:00	12:00
Economic & Investment Bank (KBC, BEL)	11:00	15:00	15:00	15:00
SG Expressbank (SoGe, F)	17:00	15:00	15:00	17:00
Corporate Commercial Bank (–)	n.a.			

5. Instrumente des Cash-Managements

5.1 Internet/Electronic Banking

	Sammelüberweisung	Dauerauftrag	Lastschriftverfahren	IZV/AZV	SEPA-Zahlungen	Finanzamtszahlungen	Valutarische Vorschau	Untertagskontoauszug	Anzeige Zinssatzänderungen	Anzeige Bankleitzahlen	Dislozierte Unterschrift
UniCredit Bulbank (UniCredit, I)	✓	✓	✓	✓		✓	✓	✓			✓
DSK (OTP, HUN)	✓	✓	✓	✓	✓	✓		✓	✓		✓
United Bulgarian (NBG, GR)	✓	✓	✓	✓		✓	✓	✓			✓
Raiffeisen Bank (Raiffeisen, A)	✓	✓	✓	✓	✓	✓	✓	✓			✓
EFG Eurobank (EFG Eurobank, GR)	✓	✓	✓	✓		✓				✓	
First Investment (–)		✓	✓	✓		✓				✓	
Piraeus Bank (Piraeus Bank, GR)	✓	✓	✓	✓		✓				✓	✓
Economic & Investment Bank (KBC, BEL)	✓	✓			✓	✓		✓	✓	✓	✓
SG Expressbank (SoGe, F)	✓	✓	✓	✓	✓	✓	✓				
Corporate Commercial Bank (–)	n.a.										

5.2 Cash-Management Services

	Unterstützung bei Netting	Effektives Cash Pooling	Fiktives Cash Pooling	Margenpooling	Losungsabfuhr	Dokumentengeschäft	Folgedatenträger	Factoring	Leasing	EBPP	Zugang zum Geldmarkt
UniCredit Bulbank (UniCredit, I)	✓	✓	✓	✓		✓	✓		✓		✓
DSK (OTP, HUN)		✓		✓	✓	✓			✓		✓
United Bulgarian (NBG, GR)		✓	✓	✓	✓	✓		✓	✓		✓
Raiffeisen Bank (Raiffeisen, A)		✓	✓	✓	✓	✓		✓	✓		✓
EFG Eurobank (EFG Eurobank, GR)				✓	✓			✓	✓		✓
First Investment (–)				✓	✓						
Piraeus Bank (Piraeus Bank, GR)				✓					✓		
Economic & Investment Bank (KBC, BEL)				✓	✓						✓
SG Expressbank (SoGe, F)					✓				✓		✓
Corporate Commercial Bank (–)					✓						✓

ESTLAND

Steckbrief

Staatsform:	**Republik**
Hauptstadt:	**Tallinn**
Staatsfläche:	**45.000 km^2**
Bevölkerungszahl:	**1,3 Mio.**
Währung:	**Estnische Krone** (= 100 Senti)
EU-Mitgliedschaft:	**seit 1. 5. 2004**
Beitritt zum EURO-Raum:	**für 2012 geplant**

1. Ausgewählte Zahlen und Entwicklungen

1.1 Wirtschaftswachstum

Die estnische Wirtschaft befand sich bis ins Jahr 2006 auf einem Wachstumshoch von über 10 % (ausgedrückt in Wachstum des Bruttoinlandsprodukts). Das war auch im Vergleich mit anderen neuen EU-Ländern mit ähnlicher Ausgangslage ein Spitzenwert. Mit 2008 wurde Estland sehr stark von der Wirtschaftskrise erfasst. Prognosen für das Jahr 2009 besagen, dass die Wirtschaft über 10 % schrumpfen wird.

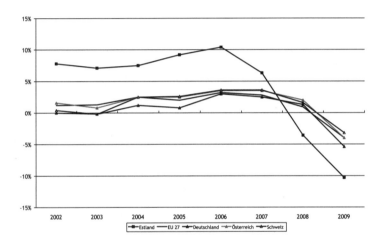

1.2 BIP pro Kopf

Dank einer dynamischen Wirtschaftsentwicklung konnte Estland sein Bruttoinlandsprodukt pro Kopf dem EU-27-Durchschnitt weiter annähern. Seit 2006 stagniert der Wert allerdings bei ca. 67 % des EU-27-Schnitts. Im Vergleich mit anderen neuen EU-Mitgliedern befindet sich Estland bei diesem Wert im Mittelfeld (siehe Graphik im Anhang).

1.3 Arbeitslosigkeit

Auch an der Entwicklung der Arbeitslosenrate lässt sich die Krise der estnischen Volkswirtschaft ablesen. Die Arbeitslosigkeit sank bis Juli 2008 kontinuierlich, in manchen Monaten wurden Werte unter 4 % erreicht. Binnen weniger Monate hat sich dieser ausgezeichnete Wert vervierfacht. Mitte 2009 beträgt die Arbeitslosenrate 16 % und gehört damit EU-weit zu den negativen Spitzenwerten (siehe Graphik im Anhang).

1.4 Inflation

Die Entwicklung des Harmonisierten Verbraucherpreisindex liegt über dem EU-27-Durchschnitt, die Steigung ist allerdings nicht dermaßen steil wie in anderen EU-27-Ländern (z.B. in Bulgarien). In Folge der Subprime-Krise ist eine auch beim EU-27-Schnitt beobachtbare Abflachung der Kurve bis hin zu deflatorischen Tendenzen zu verzeichnen.

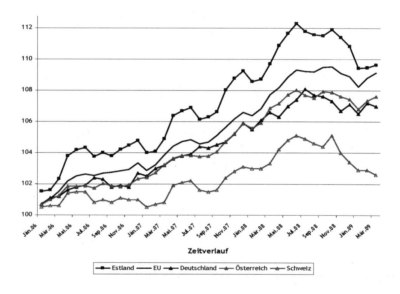

1.5 Korruption

Estland belegt im Rahmen des Korruptionsindex von Transparency International den 28. Rang mit einem Wert von 6,5. Das ist ein Top-Ergebnis für ein neues EU-Land, nur Slowenien liegt hier noch etwas besser (siehe Graphik im Anhang).

2. Währungs- und Zinsindikatoren

2.1 Entwicklung Währungskurs EEK zu EUR

Die EEK ist an den Euro gebunden. Für einen Euro bekommt man 15,6466 EEK.

2.2 Entwicklung ON- und 3M-Zinssatz

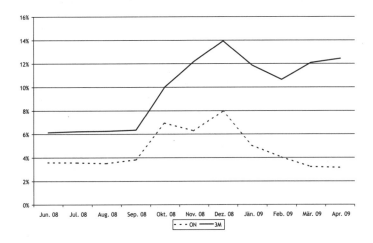

Im Beobachtungszeitraum Juni 2008 bis April 2009 pendelte der 3-Monats-Zinssatz zwischen 6 % und 8 % mit einem Spitzenwert (monatlicher Durchschnitt) von 7,84 %. Der Overnight-Zinssatz bewegte sich zwischen 5 % und 6 %. Mitte 2009 werden moderat fallende Zinssätze verzeichnet.

3. Estnische Bankenlandschaft

	Markt-anteile in %	Bank	Gruppe	Eigentümer-verhältnisse
1	52,69%	Swedbank	Swedbank Group (SE)	Swedbank AB: 100%
2	22,94%	SEB	SEB Group (SE)	SEB AB: 100%
3	11,53%	Sampo Pank	Danske Group (DK)	Danske Bank: 100%
4	8,54%	Nordea Pank	Nordea Group (SE)	–
5	1,44%	Eesti Krediidi-pank	–	JSC Latvian Business Bank: 89,16% Andere: 10,84%
6	0,85%	UniCredit Bank	UniCredit Group (I)	100% UniCredit Bank Austria AG
7	0,80%	BIG	–	Privatbesitz: 100%
8	0,55%	Parex Pank	Parex Group (LV)	–
9	0,47%	Tallinna Äripank	–	Institutionelle Investo-ren: 90,71% Andere: 9,29%

4. Zahlungen in Estland

4.1 Clearing-Systeme

Das estnische Zahlungssystem setzt sich aus einem RTGS-System (namens RTGS) und dem Clearinghaus ESTA zusammen. Über RTGS werden große Beträge bzw. Eilüberweisungen durchgeführt; Beträge über 1 Mio. EUR müssen über RTGS abgewickelt werden. RTGS ist über die Italienische Nationalbank an das TARGET-System angebunden. Somit können neben Zahlungen in EEK auch Zahlungen in EUR abgewickelt werden. ESTA berechnet die Nettobeträge für kleinere Überweisungen und Lastschriften.

Das Kartenclearing wird über das Clearinghaus PKK durchgeführt, das im Besitz der drei Banken Hansapank, SEB Eesti Ühispank und Sampo Pank steht. Die Abwicklung der Bruttozahlungen erfolgt über die Systeme der Estnischen Nationalbank (RTGS bzw. ESTA). Debitkarten werden von Visa Electron und Cirrus/Maestro, Kreditkarten von Visa und MasterCard angeboten.

Die Estnische Post führt Cash-Services abseits des nationalen Clearing-Systems durch, wobei es sich hierbei vorwiegend um Renten- und Pensionszahlungen sowie Geldüberweisungen handelt.

4.2 Zahlungsinstrumente

Zahlungs-instrument	Anzahl			Wert		
	in Mio. Stk.	%	% EU	in Mio. EUR	%	% EU
Überweisung	90	37,97	27,91	165.890	91,33	90,61
Lastschrift	16	6,75	25,31	1.210	0,67	5,29
Kredit-/Debitkarte	131	55,27	36,83	14.520	7,99	0,54
Scheck	0	0,00	8,55	10	0,01	3,01
E-Money	–	0,00	0,66	–	0,00	0,03
Andere	0	0,00	0,74	0	0,00	0,52
Summe	**237**	**100**	**100**	**762.730**	**100**	**100**

Quelle: EZB online (Zahlen von 2007)

4.3 Devisenbeschränkungen
Es existieren keine Devisenbeschränkungen.

4.4 Cut-off-Zeiten
In nachfolgender Tabelle sind die jeweiligen Cut-Off-Zeiten für den elektronischen Inlands- und Auslandszahlungsverkehr (Standard- und Eilüberweisungen) dargestellt. Eilüberweisungen werden über das estnische RTGS-System RTGS zeitgleich durchgeführt. Überweisung ab 1 Mio. EUR werden automatisch über RTGS prozessiert (Achtung: teils andere Cut-Off-Zeiten!). Bei Auslandszahlungen haben wir die Zeiten für EUR-Zahlungen genommen. Für Zahlungen in anderen Währungen können andere Cut-Off-Zeiten gelten.

Bitte beachten Sie, dass es sich bei den angegebenen Zeiten um lokale Zeiten (CET +1) handelt.

	IZV		AZV	
	standard	eil	standard	eil
Swedbank (Swedbank, SE)	17:00	17:00	17:00	17:00
SEB (SEB, SE)	17:00	15:00	17:00	15:00
Sampo Pank (Danske, DK)	17:00	15:00	17:00	15:00
Nordea Pank (Nordea, DK)	17:00	17:00	17:00	17:00
Eesti Krediidipank (–)	17:00	15:00	17:00	15:00
UniCredit Bank (UniCredit, I)	16:00	17:00	16:00	14:30
BIG (–)	n.a.			
Parex Pank (Parex, LV)	17:00	17:00	17:00	17:00
Tallinna Äripank (–)	n.a.			

5. Instrumente des Cash-Managements

5.1 Internet/Electronic Banking

	Sammelüberweisung	Dauerauftrag	Lastschriftverfahren	IZV/AZV	SEPA-Zahlungen	Finanzamtszahlungen	Valutarische Vorschau	Untertagskontoauszug	Anzeige Zinssatzänderungen	Anzeige Bankleitzahlen	Dislozierte Unterschrift
Swedbank (Swedbank, SE)	✓	✓	✓	✓	✓	✓	✓	✓	✓		✓
SEB (SEB, SE)	✓	✓	✓	✓	✓	✓	✓	✓			✓
Sampo Pank (Danske, DK)	✓	✓	✓	✓	✓	✓	✓	✓	✓		✓
Nordea Pank (Nordea, DK)	✓		✓	✓	✓	✓	✓	✓		✓	✓
Eesti Krediidipank (–)		✓		✓		✓	✓				✓
UniCredit Bank (UniCredit, I)	✓		✓	✓	✓	✓	✓	✓			✓
BIG (–)	n.a.										
Parex Pank (Parex, LV)	✓	✓	✓	✓						✓	
Tallinna Äripank (–)	n.a.										

5.2 Cash-Management Services

	Unterstützung bei Netting	Effektives Cash Pooling	Fiktives Cash Pooling	Margenpooling	Losungsabfuhr	Dokumentengeschäft	Folgedatenträger	Factoring	Leasing	EBPP	Zugang zum Geldmarkt
Swedbank (Swedbank, SE)	✓	✓	✓	✓	✓	✓		✓	✓		✓
SEB (SEB, SE)		✓	✓	✓		✓		✓	✓		✓
Sampo Pank (Danske, DK)						✓			✓		✓
Nordea Pank (Nordea, DK)	✓	✓	✓	✓	✓	✓	✓	✓	✓		✓
Eesti Krediidipank (–)					n.a.						
UniCredit Bank (UniCredit, I)	✓	✓	✓	✓	✓	✓	✓		✓		✓
BIG (–)					n.a.						
Parex Pank (Parex, LV)					✓	✓		✓	✓		✓
Tallinna Äripank (–)						✓					✓

LETTLAND

Steckbrief

Staatsform:	**Republik**
Hauptstadt:	**Riga**
Staatsfläche:	**65.000 km^2**
Bevölkerungszahl:	**2,3 Mio.**
Währung:	**Lats** (= 100 Santimi)
EU-Mitgliedschaft:	**seit 1. 5. 2004**
Beitritt zum EURO-Raum:	**für 2012–2013 geplant**

1. Ausgewählte Zahlen und Entwicklungen

1.1 Wirtschaftswachstum

Lettland verzeichnet eine ähnliche Entwicklung des BIP wie das Nachbarland Estland, bloß mit noch extremeren Hoch- und Tiefpunkten. Im Jahr 2006 wuchs die Wirtschaft um 12,2 % – ein Spitzenwert. Im Jahr 2009 wird ein Schrumpfen der Wirtschaft im Ausmaß von über 13 % prognostiziert – ein negativer Spitzenwert im Gefolge der Subprime-Krise.

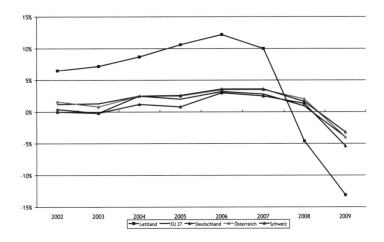

1.2 BIP pro Kopf

Beim Bruttoinlandsprodukt pro Kopf vermochte Lettland im neuen Jahrtausend auf den EU-27-Durchschnitt leicht aufzuholen, verzeichnete aber im Jahr 2008 krisenbedingt einen Rückgang von 57,9 % auf 55,7 % des EU-27-Schnitts (siehe Graphik im Anhang).

1.3 Arbeitslosigkeit

Die Subprime-Krise spiegelt sich auch im steilen Anstieg der lettischen Arbeitslosenrate wider. Die Arbeitslosigkeit pendelt ab Jänner 2006 zumeist zwischen 5 % und 7 % und damit unterhalb des EU-27-Durchschnitts, befindet sich aber mittlerweile auf Kurs Richtung 20 % (siehe Graphik im Anhang).

1.4 Inflation

Lettlands Harmonisierter Verbraucherpreisindex entwickelte sich in den letzten Jahren ähnlich wie der EU-27-Durchschnitt, scherte im Winter 2008 nach oben aus, um mit dem Jahr 2009 stark abzunehmen.

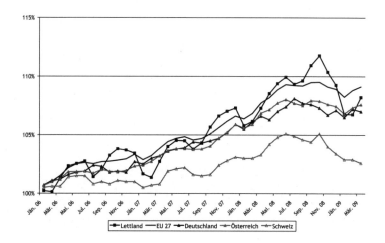

1.5 Korruption

Im Korruptionsindex von Transparency International nimmt Lettland mit einem Wert von 4,8 den 51. Platz ein. Mit diesem Wert liegt Lettland im Mittelfeld der neuen EU-Mitgliedsländer (siehe Graphik im Anhang).

2. Währungs- und Zinsindikatoren

2.1 Entwicklung Währungskurs LVL zu EUR

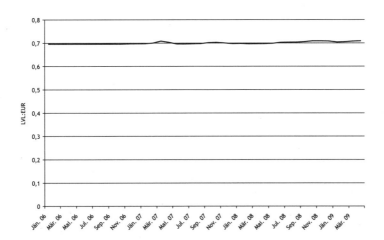

Der LVL ist an den Euro gebunden. 1 EUR entspricht 0,7028 LVL. Ein geringer Abweichungsspielraum von ±1 % bleibt der lettischen Währungspolitik, die Graphik zeigt allerdings, dass dieser Spielraum insbesondere seit Mitte 2008 durch Währungsabwertungen mehrmals überschritten wurde.

2.2 Entwicklung ON- und 3M-Zinssatz

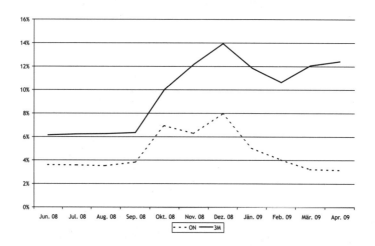

Auf dem Geldmarkt lässt sich ab Oktober 2008 ein kurzfristig sehr starker Anstieg des 3-Monats-Zinssatzes auf bis zu
14 % beobachten. Mitte 2009 beträgt der 3-Monats-Zins immer noch mehr als 12 %. Es ist interessant, dass der Overnight-Zinssatz eine deutlich geringere Volatilität aufweist als
der 3-Monats-Zinssatz. Er pendelt zwischen 3 % und 8 %.

3. Lettische Bankenlandschaft

	Markt-anteile in %	Bank	Gruppe	Eigentümer-verhältnisse
1	25,63%	Danske Banka	Danske Group (DK)	–
2	22,03%	Swedbank	Swedbank Group (SE)	Swedbank AS: 99,99% Andere: 0,01%
3	14,68%	Parex Banka	Parex Group (LV)	Lettische Hypobank (Staatsbesitz): 85,14% Andere: 14,86%
4	14,28%	SEB Unibanka	SEB Group (SE)	SEB Group: 100%
5	5,7%	Rietumu Banka	–	Boswell Consulting Limited: 33,11% Private Investoren: 66,89%
6	3,42%	AS UniCredit Bank	UniCredit Group (I)	UniCredit Bank Austria AG: 100%
7	3,13%	JSC Latvijas Krajbanka	Bankas Snoras Group	AB Bankas Snoras: 76,65% Ratto Holding Limited: 9,99% AS West Investment: 7,15%
8	2,87%	Norvic Banka	–	Straumborg Ehf: 51,13% Private Investoren: 39,54% Andere: 9,33%
9	2,70%	AS LTB Bank	MDM Bank	MDM Bank: 100%
10	0,62%	AS PrivatBank	ZAO KB PrivatBank (UA)	ZAO KB PrivatBank (UA): 95,7% Andere: 4,3%

4. Zahlungen in Lettland

4.1 Clearing-Systeme

Die lettische Nationalbank betreut und ist im Besitz von SAMS (RTGS-System) und EKS. Über SAMS werden alle großen lettischen Zahlungen (über 50.000 LVL) in Echtzeit abgewickelt, EKS ist für das Bankenclearing zuständig.

Die Durchführung von Lastschriften erfolgt über das System Itella (im Besitz der Finnischen Post). Alle Kartenzahlungen (Visa Electron, Maestro bzw. Visa, MasterCard, Diners Club, AmEx bzw. diverse Kundenkarten) werden vom Kartenclearinghaus FDL abgewickelt, wobei internationale Zahlungen von den jeweiligen Gesellschaften (Visa, MasterCard etc.) gecleart werden.

Die lettische Post hat Bedeutung für den nationalen Zahlungsverkehr. Das dichte Filialnetz wird (vor allem von Privatpersonen) für Cashtransfers genützt, Pensionszahlungen werden über die Post abgewickelt, auch weitere Bankdienstleistungen bis hin zur Kontoführung samt Debitkarte (in Kooperation mit einer Bank) werden angeboten.

4.2 Zahlungsinstrumente

Zahlungs-instrument	Anzahl			Wert		
	in Mio. Stk.	%	% EU	in Mio. EUR	%	% EU
Überweisung	120	59,5	27,91	614.727	99,63	90,61
Lastschrift	4	1,9	25,31	231	0,04	5,29
Kredit-/Debit-karte	77	38,1	36,83	2.012	0,33	0,54
Scheck	1	0,5	8,55	29	0,00	3,01
E-Money	0	0	0,66	10	0,00	0,03
Andere			0,74			0,52
Summe	**202**	**100**	**100**	**617.009**	**100**	**100**

Quelle: EZB online (Zahlen von 2007)

4.3 Devisenbeschränkungen
Eine Deklarationspflicht für Devisenein- und -ausfuhr gilt nur für Bargeld (ab EUR 10.000).

4.4 Cut-off-Zeiten
Im folgenden werden die Cut-Off-Zeiten der lettischen Banken dargestellt. Wir unterscheiden zwischen Inlands- und Auslandszahlungsverkehr, dabei zwischen Standard- und Eilüberweisungen. Die Angaben für den AZV beziehen sich auf EUR-Zahlungen. Wir haben jeweils die Werte für den elektronischen Zahlungsverkehr genommen. Für beleghaften Zahlungsverkehr, AZV in einer anderen Währung als EUR und Zahlungen innerhalb einer Bankengruppe können andere Cut-Off-Zeiten gelten.

Lettland

Bitte beachten Sie, dass es sich bei den Cut-Off-Zeiten um lokale Zeiten handelt (CET +1).

	IZV		AZV	
	standard	eil	standard	eil
Danske Banka (Danske, DK)	13:30	15:00	13:00	15:00
Swedbank (Swedbank, SE)	13:00	15:00	16:00	14:00
Parex Banka (Parex, LV)	13:00	15:00	13:00	15:00
SEB Unibanka (SEB, SE)	14:00	15:00	17:00	16:00
Rietumu Banka (–)	n.a.			
AS UniCredit Bank (UniCredit, I)	12:00	15:00	16:00	15:00
JSC Latvijas Krajbanka (Bankas Snoras, LT)	14:00	17:00	n.a.	15:30
Norvic Banka (–)	13:00	15:00	13:00	15:00
AS LTB Bank (MDM, UA)	n.a.			
AS PrivatBank (ZAO PrivatBank, UA)	n.a.			

5. Instrumente des Cash-Managements

5.1 Internet/Electronic Banking

	Sammelüberweisung	Dauerauftrag	Lastschriftverfahren	IZV/AZV	SEPA-Zahlungen	Finanzamtszahlungen	Valutarische Vorschau	Untertagskontoauszug	Anzeige Zinssatzänderungen	Anzeige Bankleitzahlen	Dislozierte Unterschrift
Danske Banka (Danske, DK)	✓	✓	✓	✓	✓	✓	✓	✓			✓
Swedbank (Swedbank, SE)	✓	✓	✓	✓	✓	✓	✓	✓	✓		✓
Parex Banka (Parex, LV)	✓	✓	✓	✓		✓	✓	✓			✓
SEB Unibanka (SEB, SE)	✓	✓	✓	✓	✓	✓	✓	✓	✓		✓
Rietumu Banka (–)		✓	✓	✓		✓	✓	✓			✓
AS UniCredit Bank (UniCredit, I)	✓		✓	✓	✓	✓	✓	✓			✓
JSC Latvijas Krajbanka (Bankas Snoras, LT)	✓	✓	✓	✓						✓	✓
Norvic Banka (–)	✓		✓	✓	✓	✓				✓	✓
AS LTB Bank (MDM, UA)	n.a.										
AS PrivatBank (ZAO PrivatBank, UA)	n.a.										

5.2 Cash-Management Services

	Unterstützung bei Netting	Effektives Cash Pooling	Fiktives Cash Pooling	Margenpooling	Losungsabfuhr	Dokumentengeschäft	Folgedatenträger	Factoring	Leasing	EBPP	Zugang zum Geldmarkt
Danske Banka (Danske, DK)		✓	✓	✓		✓					✓
Swedbank (Swedbank, SE)	✓	✓	✓	✓	✓	✓		✓	✓		✓
Parex Banka (Parex, LV)					✓	✓		✓	✓		✓
SEB Unibanka (SEB, SE)		✓	✓	✓		✓		✓	✓		✓
Rietumu Banka (–)											
AS UniCredit Bank (UniCredit, I)	✓	✓	✓	✓		✓		✓	✓		✓
JSC Latvijas Krajbanka (Bankas Snoras, LT)	n.a.										
Norvic Banka (–)						✓		✓			✓
AS LTB Bank (MDM, UA)	n.a.										
AS PrivatBank (ZAO PrivatBank, UA)					✓						

LITAUEN

Steckbrief

Staatsform:	**Republik**
Hauptstadt:	**Vilnius**
Staatsfläche:	**65.000 km^2**
Bevölkerungszahl:	**3,4 Mio.**
Währung:	**Litas** (= 100 Centas)
EU-Mitgliedschaft:	**seit 1. 5. 2004**
Beitritt zum EURO-Raum:	**für 2010 geplant**

Litauen

1. Ausgewählte Zahlen und Entwicklungen

1.1 Wirtschaftswachstum

Die Subprime-Krise hat die Wirtschaftsdaten aller drei Baltischen Länder stark in Mitleidenschaft gezogen. Litauen verzeichnete von 2002 bis 2007 Wachstumszahlen von rund 7 % bis über 10 %. Auch im Jahr 2008, Estland und Lettland waren da bereits in die Rezession gerutscht, wurde insgesamt noch ein Wirtschaftswachstum von 3 % erreicht. Für das Jahr 2009 sagen Prognosen ein Schrumpfen der Wirtschaft um 11 % voraus.

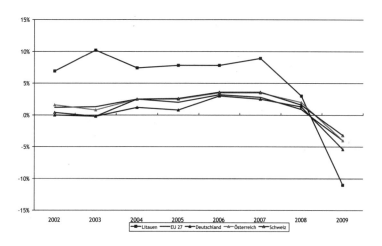

1.2 BIP pro Kopf

Binnen weniger Jahre konnte das litauische Bruttoinlandsprodukt pro Kopf von 44 % auf über 61 % des EU-27-Durchschnitts angehoben werden. Man liegt damit knapp über dem Wert von Lettland und knapp unterhalb von Estland (siehe Graphik im Anhang).

1.3 Arbeitslosigkeit

Die harmonisierte Arbeitslosenquote pendelte von 2006 bis Ende 2008 zwischen 3,7 % und 6,7 %. Als Folge der Subprime-Krise kam es in Litauen ab November 2008 zu einem massiven Anstieg der Arbeitslosigkeit. Für Mai 2009 wurden Durchschnittswerte von 14,1 % ausgewiesen (siehe Graphik im Anhang).

1.4 Inflation

Der Anstieg des litauischen Harmonisierten Verbraucherpreisindex ist bedeutend steiler als der EU-27-Durchschnitt.
Die hohe Inflation gilt als große Hürde für den Beitritt zum
Euroraum. Von Jänner 2006 bis März 2009 stieg der durch-
schnittliche Verbraucherpreis um rund 30%, also um mehr
als das Dreifache des EU-27-Wertes (9%). Dabei wurden vor
allem von Mitte 2007 bis Ende 2008 sehr hohe Steigerungs-
raten erreicht.

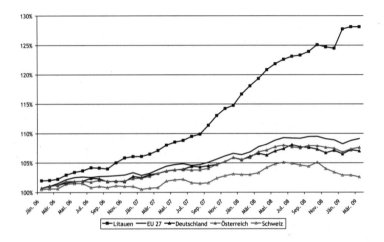

1.5 Korruption

Im Korruptionsindex von Transparency International nimmt
Litauen mit einem Wert von 4,8 ex aequo mit dem Nachbarland Lettland den 51. Platz ein. Mit diesem Wert liegt Litauen
im Mittelfeld der neuen EU-Mitgliedsländer (siehe Graphik
im Anhang).

2. Währungs- und Zinsindikatoren

2.1 Entwicklung Währungskurs LTL zu EUR

Seit 2. Februar 2002 ist der LTL an den Euro gebunden.
1 EUR entspricht 3,4528 LTL.

2.2 Entwicklung ON- und 3M-Zinssatz

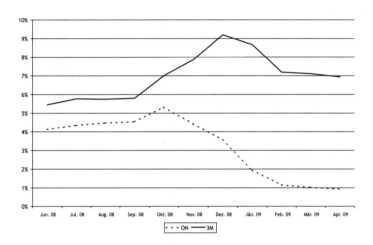

Litauen

Von September 2008 bis Jahresende verzeichnete der 3-Mo-
nats-Zinssatz auf dem litauischen Geldmarkt einen starken
Anstieg. Kurzzeitig befand sich der Zinssatz über 9 %, pendelte sich aber rasch bei 7 % ein. Der Overnight-Zinssatz lag
im Oktober 2008 kurz über 5 %. Sodann rutschte er in we-
nigen Monaten auf 1 % hinunter.

3. Litauische Bankenlandschaft

	Markt-anteile in %	Bank	Gruppe	Eigentümer-verhältnisse
1	30,03%	SEB Bankas	SEB Group (SE)	SEB Group: 99,7% Andere: 0,3%
2	23,58%	Swedbank	Swedbank Group (SE)	Swedbank AB: 100%
3	13,88%	AB DNB Nord Bankas	AB DnB NORD Bankas (LT)	Bank DnB NORD A/S: 99,84% Andere: 0,16%
4	7,00%	Bankas Snoras	Bankas Snoras (LT)	Privatbesitz: 100%
5	6,84%	Nordea Bank Lietuva	Nordea Bank (SE)	–
6	6,70%	Danske Bankas	Danske Group (DK)	Danske Bank: 100%
7	4,89%	Ükio Bankas	Ükio Bankas (LT)	Private Investoren: 41,68% Institutionelle Investoren: 15,87% Andere: 42,45%
8	2,45%	Siauliu Bankas AB	Siauliu Bankas (LT)	EBRD: 16,06% Andere: 83,94%
9	1,96%	Parex Bankas	Parex Group (LV)	AS Parex Banka: 100%

4. Zahlungen in Litauen

4.1 Clearing-Systeme
Die Litauische Nationalbank verfügt über zwei Systeme zur Abwicklung der Zahlungen in LTL. LITAS-RLS ist ein RTGS-System, das die Nettingbeträge an ihre Mitglieder (Universal-, aber auch Kredit- und Investmentbanken) in Echtzeit überweist. Das Netting selbst wird vom Clearinghaus LITAS-MMS vorgenommen. Bezüglich erlaubter Höhe der abzuwickelnden Überweisungen über LITAS-MMS gibt es – im Gegensatz zu anderen Systemen dieser Art – keine Beschränkungen.

Neben LITAS-MMS existiert das Clearinghaus KUBOS, welches die Abwicklung von Zahlungen zwischen Genossenschaftsbanken durchführt. Kartenzahlungen (Debit- und Kreditkarten) werden von den jeweiligen internationalen Clearinghäusern von Visa und Master Card durchgeführt.

4.2 Zahlungsinstrumente

Zahlungs-instrument	Anzahl			Wert		
	in Mio. Stk.	%	% EU	in Mio. EUR	%	% EU
Überweisung	120	59,5	27,91	460.243	99,00	90,61
Lastschrift	4	1,9	25,31	397	0,09	5,29
Kredit-/Debitkarte	77	38,1	36,83	3.365	0,72	0,54
Scheck	1	0,5	8,55	899	0,19	3,01
E-Money	0	0	0,66	0	0,00	0,03
Andere	0	59,5	0,74	0	0,00	0,52
Summe	**202**	**100**	**100**	**464.905**	**100**	**100**

4.3 Devisenbeschränkungen
Innerhalb der EU gibt es keine Devisenbeschränkungen für Ein- und Ausfuhr. Für Drittstaaten existiert eine Deklarationspflicht ab der Ein- oder Ausfuhr von ca. 2.900 EUR.

4.4 Cut-off-Zeiten

In der unteren Tabelle finden Sie die Cut-Off-Zeiten der litauischen Banken für elektronischen Inlands- und Auslandszahlungsverkehr (in EUR). Wir haben jeweils die Zeiten für Standard- und Eilzahlungen angeführt. Für Zahlungen innerhalb einer Bankengruppe, beleghafte Zahlungen sowie Zahlungen in anderen Währungen als EUR können andere Cut-Off-Zeiten gelten.

Bitte beachten Sie, dass es sich bei den angegebenen Zeiten um lokale Angaben handelt (CET +1).

	IZV		AZV	
	standard	eil	standard	eil
SEB Bankas (SEB, SE)	13:30	15:00	13:30	10:00
Swedbank (Swedbank, SE)	14:30	15:00	16:00	14:00
AB DNB Nord Bankas (AB DnB NORD Bankas, LT)	14:30	15:30	13:00	13:00
Bankas Snoras (Bankas Snoras, LT)	13:30	15:00	24:00	24:00
Nordea Bank Lietuva (Nordea, SE)	14:30	15:00	13:00	13:00
Danske Bankas (Danske, DK)	14:00	15:00	15:00	15:00
Ükio Bankas (Ükio Bankas, LT)	n.a.			
Siauliu Bankas AB (Siauliu Bankas, LT)	13:30	15:00	10:00	10:00

5. Instrumente des Cash-Managements

5.1 Internet/Electronic Banking

	Sammelüberweisung	Dauerauftrag	Lastschriftverfahren	IZV/AZV	SEPA-Zahlungen	Finanzamtszahlungen	Valutarische Vorschau	Untertagskontoauszug	Anzeige Zinssatzänderungen	Anzeige Bankleitzahlen	Dislozierte Unterschrift
SEB Bankas (SEB, SE)	✓	✓	✓	✓		✓	✓	✓	✓	✓	✓
Swedbank (Swedbank, SE)	✓	✓	✓	✓		✓	✓	✓	✓		✓
AB DNB Nord Bankas (AB DnB NORD Bankas, LT)	✓	✓		✓	✓	✓	✓	✓			✓
Bankas Snoras (Bankas Snoras, LT)	✓	✓	✓	✓		✓					
Nordea Bank Lietuva (Nordea, SE)	✓		✓	✓	✓	✓		✓	✓		✓
Danske Bankas (Danske, DK)	✓	✓	✓	✓	✓	✓	✓	✓			✓
Ükio Bankas (Ükio Bankas, LT)	✓	✓	✓	✓		✓	✓	✓			✓
Siauliu Bankas AB (Siauliu Bankas, LT)	n.a.										
Parex Bankas (Parex, LV)	n.a.										

5.2 Cash-Management Services

	Unterstützung bei Netting	Effektives Cash Pooling	Fiktives Cash Pooling	Margenpooling	Losungsabfuhr	Dokumentengeschäft	Folgedatenträger	Factoring	Leasing	EBPP	Zugang zum Geldmarkt
SEB Bankas (SEB, SE)		✓	✓	✓	✓	✓		✓	✓		✓
Swedbank (Swedbank, SE)		✓	✓	✓	✓	✓		✓	✓		✓
AB DNB Nord Bankas (AB DnB NORD Bankas, LT)					✓	✓		✓	✓		✓
Bankas Snoras (Bankas Snoras, LT)						✓		✓	✓		✓
Nordea Bank Lietuva (Nordea, SE)		✓	✓	✓	✓	✓		✓	✓	✓	✓
Danske Bankas (Danske, DK)	✓	✓	✓	✓	✓	✓		✓	✓		✓
Ükio Bankas (Ükio Bankas, LT)						✓		✓			✓
Siauliu Bankas AB (Siauliu Bankas, LT)						✓		✓			✓
Parex Bankas (Parex, LV)						✓		✓	✓		

POLEN

Steckbrief

Staatsform:	**Parlamentarische Republik**
Hauptstadt:	**Warschau**
Staatsfläche:	**313.000 km^2**
Bevölkerungszahl:	**38,1 Mio.**
Währung:	**Zloty** (= 100 Groschen)
EU-Mitgliedschaft:	**seit 1. 5. 2004**
Beitritt zum EURO-Raum:	**für 2011–2012 geplant**

Polen

1. Ausgewählte Zahlen und Entwicklungen

1.1 Wirtschaftswachstum

Das größte der neuen EU-Länder verzeichnete ab 2002 ein gutes Wirtschaftswachstum mit bis zu mehr als 6% BIP-Wachstum. Noch 2008, zu Beginn der Subprime-Krise, konnte ein Wirtschaftswachstum von 5% (also 4 Prozentpunkte über dem EU-27-Durchschnitt) erzielt werden. Auch Polen bleibt nicht gänzlich von der Wirtschaftskrise verschont, auch wenn die Rezession im Vergleich zu den meisten anderen EU-Ländern mit prognostizierten –1,4% für 2009 geradezu milde ausfallen wird.

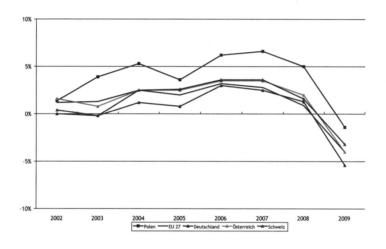

Polen

1.2 BIP pro Kopf

Das polnische Bruttoinlandsprodukt pro Kopf nähert sich gemächlich dem EU-27-Durchschnitt an. Bloß im Jahr 2007 kann ein steiler Anstieg dieses Indikators verzeichnet werden. Mit 57,5% im Jahr 2008 liegt Polen bei diesem Wert im hinteren Mittelfeld der neuen EU-Mitgliedsstaaten (siehe Graphik im Anhang).

1.3 Arbeitslosigkeit

Polen hatte seit dem Fall des Eisernen Vorhangs mit einer sehr hohen Arbeitslosenrate zur kämpfen, die das Land erst in den letzten beiden Jahren immer besser in den Griff bekommen hat. Im Jänner 2006 lag die harmonisierte Arbeitslosenquote noch bei fast 17 %. Im Juli 2008 wurde mit 6,7 % zum ersten Mal der EU-27-Durchschnitt unterschritten (siehe Graphik im Anhang). Freilich wurden diese guten Resultate auch durch die Massenemigration polnischer Arbeitskräfte nach Großbritannien, Irland oder in die Niederlande begünstigt. Seit Ende 2008 ist, parallel zum Anstieg des EU-27-Schnitts, ein moderates Wachstum der Arbeitslosigkeit zu spüren.

1.4 Inflation

Wie andere Transformationsländer auch, wurde Polen in den 90er Jahren von hohen Inflationsraten gebeutelt. Wie an der Graphik erkennbar, hat Polen diesen Faktor mittlerweile gut unter Kontrolle. Im Zeitverlauf des Beobachtungszeitraums bewegt sich der Harmonisierte Verbraucherpreisindex zumeist sogar unterhalb des EU-27-Durchschnitts. Erst im Jahr 2009 schert Polen aus dem Gleichschritt mit dem EU-27-Durchschnitt aus, was aber durch die krisenbedingt deflatorischen Tendenzen in vielen EU-Ländern, weniger durch eine Kursänderung Polens, erklärt werden kann.

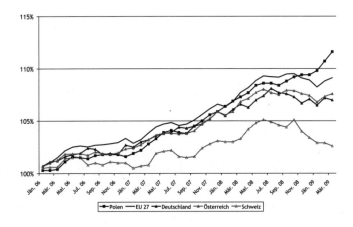

1.5 Korruption

Der Korruptionsindex von Transparency International weist für Polen einen Wert von 4,2 aus. Polen liegt im Ranking an 61. Stelle. Damit hat das Land laut Transparency International nach Rumänien und Bulgarien die dritthöchste Korruption der EU-27.

2. Währungs- und Zinsindikatoren

2.1 Entwicklung Währungskurs PLN zu EUR

Die polnische Währung schwankt traditionell zwischen 3 und 4 EUR und kann durchaus als eher volatil bezeichnet werden. Besonders hohe Änderungen sind seit 2008 zu verzeichnen. Im Sommer 2008 wurde mit 3,26 PLN für einen EUR ein neuer (durchschnittlicher) Tiefstwert erreicht, seitdem kam es zu einer rapiden Abwertung des PLN gegenüber dem EUR – Anfang 2009 sank der Durchschnittswert auf bis zu 4,6 PLN für einen EUR.

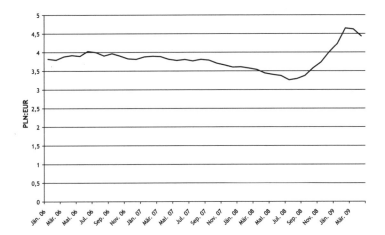

Polen

2.2 Entwicklung ON- und 3M-Zinssatz

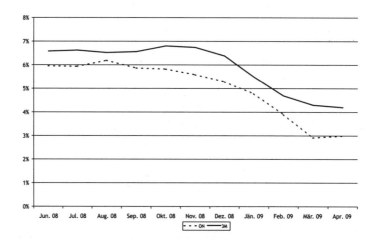

Die Referenzzinssätze lagen im Beobachtungszeitraum relativ nahe beieinander und nahmen einen dementsprechend ähnlichen Entwicklungsverlauf. Seit Ende 2008 ist ein deutlicher Abstieg der jeweiligen Zinssätze zu erkennen. Der 3-Monats-Zinssatz sank von knapp 7% auf ca. 4%, der Overnight-Zinssatz von 6% auf 3%.

3.   Polnische Bankenlandschaft

	Markt-anteile in %	Bank	Gruppe	Eigentümer-verhältnisse
1	19,71%	Bank Pekao SA	UniCredit Group (I)	n.a.
2	17,90%	PKO Bank Polski	PKO Bank Polski (PL)	Polen: 51,24% Streubesitz: 48,76%
3	8,55%	ING Bank Slaski	ING Group (NL)	ING Bank N.V.: 75% Commercial Union Pensionsfonds: 6,53% Streubesitz: 18,47%
4	7,98%	BRE Bank SA	Commerzbank (D)	Commerzbank Auslandsbanken Holding AG: 69,78% Commercial Union Pensionsfonds: 5,05% ING Pensionsfonds: 5,01% Streubesitz: 20,16%
5	6,81%	Bank Zachodni WBK	Bank Zachodni WBK (PL)	Allied Irisch Banks European Investments Limited: 70,5% Streubesitz: 29,5%
6	6,42%	Citi Handlowy	Citigroup (USA)	Citibank Overseas Investment Corporation: 75% Streubesitz: 25%
7	4,82%	Bank Millenium	Bank Millenium (PL)	Banco Comercial Portugues: 65,5% AVIVA Commercial Union OFE: 7,32% Streubesitz: 27,18%
8	4,46%	Kredyt Bank	KBC Group (BEL)	KBC Bank NV: 80% Sofina SA: 5,53% Streubesitz: 14,47%
9	3,53%	Raiffeisen Bank Polska	Raiffeisen Group (A)	100% Raiffeisen Bank Polska
10	3,32%	BGZ	Rabobank (NL)	Rabobank: 59,35% Polen: 37,26% Streubesitz: 3,39%

Polen

4. Zahlungen in Polen

4.1 Clearing-Systeme

Die Polnische Nationalbank verfügt über die RTGS-Systeme SORBNET und SORBNET-EURO, mit denen größere Überweisungen in Echtzeit durchgeführt werden. Mittels SORB-NET-EURO sind EUR-Überweisungen innerhalb Polens, aber auch direkt in den EURO-Raum möglich, wobei die Polnische Nationalbank das RTGS-System der Italienischen Nationalbank zur Anbindung an das TARGET-System nützt.

Polens Clearinghaus KIR ist eine Kapitalgesellschaft, an der die meisten polnischen Banken sowie die Polnische Nationalbank beteiligt sind. Das Clearing erfolgt elektronisch über die Systeme ELIXIR und ELIXIR-EURO. KIR wickelt auch Lastschriften und Schecks ab. Die errechneten Nettobeträge werden über SORBNET(-EURO) abgewickelt.

Das Kartenclearing erfolgt über drei Systeme: KSR (Firma PolCard), PNNSS (Visa) und GCMS (MasterCard). Die errechneten Beträge werden über SORBNET(-EURO) überwiesen.

Die Polnische Post hat im Bereich Zahlungsverkehr insbesondere für den Bevölkerungsteil ohne Bankkonten große Bedeutung. Die Post wird als Einzahlungs- und Auszahlungsstelle (Pensions-, Rentenzahlungen etc.) sowie für Geldüberweisungen genützt.

4.2 Zahlungsinstrumente

Zahlungs-instrument	Anzahl			Wert		
	in Mio. Stk.	%	% EU	in Mio. EUR	%	% EU
Überweisung	1.038	68,38	27,91	744.810	97,65	90,61
Lastschrift	18	1,19	25,31	3.330	0,44	5,29
Kredit-/Debitkarte	462	30,43	36,83	14.520	1,90	0,54
Scheck	0	0,00	8,55	70	0,01	3,01
E-Money	–	0,00	0,66	–	0,00	0,03
Andere	–	0,00	0,74	–	0,00	0,52
Summe	**782**	**100**	**100**	**762.730**	**100**	**100**

Quelle: EZB Online (Zahlen für 2007)

4.3 Devisenbeschränkungen
Es existieren keine Devisenbeschränkungen.

4.4 Cut-off-Zeiten
In der nachfolgenden Tabelle werden die Cut-Off-Zeiten der polnischen Banken angeführt. Wir unterscheiden dabei zwischen Inlands- und Auslandszahlungen sowie zwischen Standard- und Eilüberweisungen. Die Zeiten beziehen sich auf elektronische Zahlungen, der AZV auf EUR-Zahlungen. Für beleghaften Zahlungsverkehr, Zahlungen in anderen Währungen als EUR sowie Zahlungen innerhalb von Bankengruppen können andere Cut-Off-Zeiten gelten.

	IZV		AZV	
	standard	eil	standard	eil
Bank Pekao SA (UniCredit, I)	13:30	13:00	13:00	13:00
PKO Bank Polski (PKO Bank Polski, PL)	14:30	15:00	14:30	14:30
ING Bank Slaski (ING, NL)	11:30	14:30	14:00	14:00
BRE Bank SA (Commerzbank, D)	15:00	15:00	13:00	15:00
Bank Zachodni WBK (Bank Zachodni WBK, PL)	14:45	11:00	14:45	13:00
Citi Handlowy (Citigroup, USA)	n.a.			
Bank Millenium (Bank Millenium, PL)	16:00	15:00	13:00	13:00
Kredyt Bank (KBC, BEL)	14:00	10:30	14:00	10:30
Raiffeisen Bank Polska (Raiffeisen, A)	14:00	n.a.	13:00	n.a.
BGZ (Rabobank, NL)	n.a.			

5. Instrumente des Cash-Managements

5.1 Internet/Electronic Banking

	Sammelüberweisung	Dauerauftrag	Lastschriftverfahren	IZV/AZV	SEPA-Zahlungen	Finanzamtszahlungen	Valutarische Vorschau	Untertagskontoauszug	Anzeige Zinssatzänderungen	Anzeige Bankleitzahlen	Dislozierte Unterschrift
Bank Pekao SA (UniCredit, I)	✓		✓	✓	✓	✓	✓	✓			✓
PKO Bank Polski (PKO Bank Polski, PL)	✓	✓	✓	✓	✓	✓	✓	✓	✓		✓
ING Bank Slaski (ING, NL)		✓	✓	✓	✓	✓	✓				✓
BRE Bank SA (Commerzbank, D)	✓	✓	✓	✓	✓	✓	✓	✓	✓	✓	✓
Bank Zachodni WBK (Bank Zachodni WBK, PL)	✓	✓	✓	✓	✓	✓	✓	✓			✓
Citi Handlowy (Citigroup, USA)	n.a.										
Bank Millenium (Bank Millenium, PL)	✓	✓	✓	✓	✓	✓	✓	✓			✓
Kredyt Bank (KBC, BEL)	✓	✓	✓	✓	✓	✓	✓	✓	✓	✓	✓
Raiffeisen Bank Polska (Raiffeisen, A)	✓	✓	✓	✓	✓	✓	✓	✓	✓		✓
BGZ (Rabobank, NL)	n.a.										

Polen

5.2 Cash-Management Services

	Unterstützung bei Netting	Effektives Cash Pooling	Fiktives Cash Pooling	Margenpooling	Losungsabfuhr	Dokumentengeschäft	Folgedatenträger	Factoring	Leasing	EBPP	Zugang zum Geldmarkt
Bank Pekao SA (UniCredit, I)	✓	✓	✓	✓		✓	✓	✓	✓		✓
PKO Bank Polski (PKO Bank Polski, PL)		✓	✓		✓	✓	✓	✓	✓		✓
ING Bank Slaski (ING, NL)					✓	✓	✓	✓	✓		✓
BRE Bank SA (Commerzbank, D)	✓	✓	✓	✓	✓	✓	✓	✓	✓		✓
Bank Zachodni WBK (Bank Zachodni WBK, PL)					✓	✓		✓	✓		✓
Citi Handlowy (Citigroup, USA)		✓				✓		✓	✓		✓
Bank Millenium (Bank Millenium, PL)					✓	✓	✓	✓	✓		✓
Kredyt Bank (KBC, BEL)		✓	✓	✓	✓	✓	✓	✓	✓		✓
Raiffeisen Bank Polska (Raiffeisen, A)		✓	✓	✓	✓	✓	✓	✓	✓		✓
BGZ (Rabobank, NL)					✓	✓		✓	✓		✓

RUMÄNIEN

Steckbrief

Staatsform:	**Parlamentarische Republik**
Hauptstadt:	**Bukarest**
Staatsfläche:	**238.000 km^2**
Bevölkerungszahl:	**21,5 Mio.**
Währung:	**Rumänischer Lei** (= 100 Bani)
EU-Mitgliedschaft:	**seit 1. 1. 2007**
Beitritt zum EURO-Raum:	**für 2015 geplant**

Rumänien

1. Ausgewählte Zahlen und Entwicklungen

1.1 Wirtschaftswachstum

Rumäniens Wirtschaft wuchs in den letzten Jahren zwischen 4 % und 8,5 %. Im Jahr 2008 konnte noch ein sehr gutes BIP-Wachstum von über 7 % erreicht werden – deutlich über dem Schnitt der EU-27 und auch im Vergleich mit den neuen EU-Mitgliedsstaaten hervorragend. Im Jahr 2009 traf die Subprime-Krise auch Rumänien. Eine Rezession in Höhe von –4 % wird prognostiziert. Das entspricht dem EU-27-Durchschnitt.

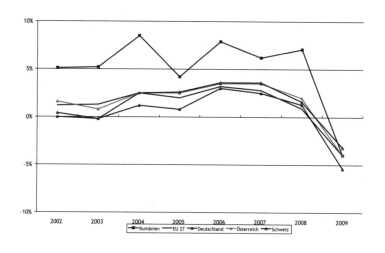

Rumänien

1.2 BIP pro Kopf

Rumänien hat das zweitniedrigste Bruttoinlandsprodukt pro Kopf der gesamten EU-27. Nur Bulgariens BIP pro Kopf ist noch niedriger (siehe Graphik im Anhang). Zwar kann ein vergleichsweise steiler Anstieg dieses Wertes und dadurch eine Annäherung an den EU-27-Durchschnitt verzeichnet werden, aber dieser Aufstieg ist vor allem durch die schlechte Ausgangslage (mit dementsprechend hohem Verbesserungspotenzial) des ehemaligen Ostblock-Landes zu erklären.

1.3 Arbeitslosigkeit

Die Entwicklung der harmonisierten Arbeitslosenquote erweist sich als relativ stabil. Die Arbeitslosigkeit pendelt zwischen 5,5 % und 8 %. Trotz Krise ist im Untersuchungszeitraum (noch) kein auffälliger Anstieg der Arbeitslosenzahlen zu erkennen (siehe Graphik im Anhang).

1.4 Inflation

Wie aus der Graphik ersichtlich, kämpft Rumänien mit einer hohen Inflation weit über dem Durchschnitt der EU-27. Die hohe Inflation ist ein Phänomen, das in Ländern, die sich im wirtschaftlichen Aufholprozess befinden, häufig anzutreffen ist. Insbesondere ab Herbst 2007 steigt der Harmonisierte Verbraucherpreisindex stark an und nimmt auch angesichts der Krise, anders als im EU-27-Durchschnitt, nicht ab.

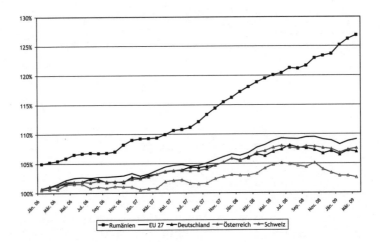

1.5 Korruption

Rumänien nimmt im Rahmen des Korruptionsindex von Transparency International mit einem Wert von 3,7 den 69. Rang ein. Damit ist Rumänien mit klarem Abstand das korruptionsanfälligste Land der EU-27 (siehe Graphik im Anhang).

2. Währungs- und Zinsindikatoren

2.1 Entwicklung Währungskurs RON zu EUR

Der rumänische Lei schwankt für gewöhnlich zwischen 3 und 4 EUR. Gerade in den Jahren 2007 und 2008 erwies sich der RON als besonders volatil. Auf den Tiefpunkt im Juli 2007 von 3,13 RON für 1 EUR folgte eine Phase der kontinuierlichen Abwertung der Währung mit einem vorläufigen Hochpunkt im Februar 2009, wo ein EUR 4,29 RON wert war. Innerhalb von 20 Monaten verlor der RON somit mehr als ein Drittel an Wert.

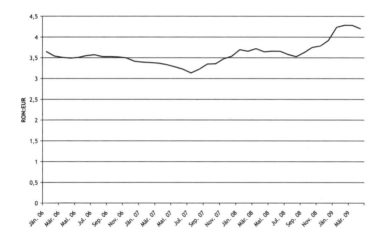

Rumänien

2.2 Entwicklung ON- und 3M-Zinssatz

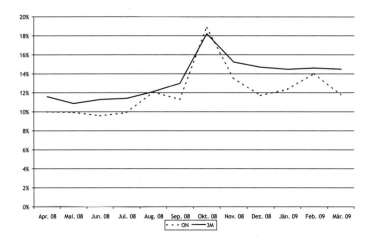

Der rumänische Geldmarkt ist von auffällig hohen Zinssätzen geprägt. Im Oktober 2008 wurden sowohl beim 3-Monats- als auch beim Overnight-Zinssatz durchschnittlich Sätze über 18 % ausgewiesen. Daraufhin kam es zur Einpendelung der Referenzzinssätze auf hohem Niveau. Der 3-Monats-Zinssatz bewegt sich Mitte 2009 zwischen 14 % und 15 %, der Overnight-Zinssatz etwas volatiler zwischen 12 % und 14 %.

3.   Rumänische Bankenlandschaft

	Markt-anteile in %	Bank	Gruppe	Eigentümer-verhältnisse
1	25,3%	Banca Comercia-la Romana (BCR)	Erste Group (A)	Erste Bank: ca. 69% SIF 1 bis SIF 5 (5 regionale Investmentfonds): ca. 30% Andere: 1%
2	16,0%	Banca Român? pentru Dezvol-tare	Société Gé-nérale (F)	Société Générale France: ca. 58% SIF 1 bis SIF 5: ca. 25% EBRD: 5% Andere: 12%
3	6,4%	Raiffeisen Bank Romania	Raiffeisen (A)	Raiffeisen International Bank Holding AG: 99,49% Andere: 0,51%
4	5,6%	Banca Transilva-nia	–	Streubesitz: ca. 85% EBRD: 15%
5	5,3%	Banc Post	EFG Eu-robank Group (GR)	EFG Eurobank Ergasias: ca. 78% SIF 1 bis SIF 4 (ohne SIF Muntenia): ca. 20% Andere: 2%
6	5,1%	Alpha Bank	Alpha Group (GR)	Alpha Group: 100%
7	5,1%	UniCredit Tiriac Bank SA	UniCredit Group (I)	UniCredit: ca. 51% Redrum International In-vestment B.V. (Beteili-gungsgesellschaft von Ion Tiriac): ca. 25% Vesanio Trading Limited (Beteiligungsgesellschaft von Ion Tiriac): ca. 20% Andere: ca. 4%
8	5,1%	Volksbank Roma-nia	Volksbanken Gruppe (A)	Volksbank International AG: ca. 98% Andere: 2%
9	4,1%	Piraeus Bank Ro-mania	Piraeus Bank Group (GR)	Piraeus Bank: 100%
10	4,0%	CEC Bank	–	Öffentliche Hand: 100%

Rumänien

4. Zahlungen in Rumänien

4.1 Clearing-Systeme

Das Banken-, Karten- und Wertpapierclearing in Rumänien wird durch die Rumänische Nationalbank (BNR) reguliert. Das Banken- und Kartenclearing wird durch die ausgegliederte Kapitalgesellschaft TRANSFOND organisiert, an der die meisten in Rumänien ansässigen Banken Anteile halten.

TRANSFOND verfügt über ein elektronisches Zahlungssystem (EPS), das im Prinzip aus dem automatischen Clearinghaus SENT und dem Überweisungssystem ReGIS (RTGS-System) besteht. SENT ist für das Clearing „kleiner" Überweisungen (< 50.000 RON) und von Lastschriften (in RON) zuständig. Über ReGIS werden die von SENT errechneten Nettosalden in Echtzeit an die Banken transferiert. ReGIS ist zudem für die Abwicklung großer Überweisungen zuständig.

Es gibt vier Clearinghäuser: Neben dem erwähnten SENT zwei Häuser für Kartenclearing (Visa und Master Card), die ihre Transfers über ReGIS durchführen. Ein viertes Clearinghaus wickelt alle Scheck- und (Sola-)Wechseltransaktionen in RON ab. Das Netting erfolgt dabei über eigene Konten der BNR.

4.2 Zahlungsinstrumente

Zahlungs-instrument	Anzahl			Wert		
	in Mio. Stk.	%	% EU	in Mio. EUR	%	% EU
Überweisung	258	75,66	27,91	1.482.066	98,10	90,61
Lastschrift	23	6,76	25,31	3.159	0,21	5,29
Kredit-/Debit-karte	48	14,10	36,83	2.486	0,16	0,54
Scheck	11	3,34	8,55	22.475	1,49	3,01
E-Money	0	0	0,66	0	0	0,03
Andere	0	0,04	0,74	621	0,04	0,52
Summe	**340**	**100**	**100**	**1.510.807**	**100**	**100**

Quelle: EZB Online; Zahlen für 2007

4.3 Devisenbeschränkungen

Zahlungen zwischen Deviseninländern und Devisenausländern in RON oder einer ausländischen Währung unterliegen keinen Beschränkungen. Ebenso ist der Kapitaltransfer zwischen Deviseninländern und Devisenausländern frei möglich.

4.4 Cut-off-Zeiten

Die folgende Tabelle stellt die Cut-off-Zeiten der jeweiligen Banken für Inlands- und Auslandszahlungsverkehr (EUR) sowie für Standard- und Eilüberweisungen dar. Die angeführte Zeit stellt die Zeit dar, bis zu der eine taggleiche Abwicklung der Zahlung bei der Sender-Bank möglich ist.

Es ist zu beachten, dass alle IZV-Zahlungen über 50.00 RON über das heimische RTGS-System ReGIS abgewickelt werden. Dabei gelten die Cut-Off-Zeiten der Eilüberweisungen.

Rumänien

Achtung: die Cut-Off-Zeiten beziehen sich auf die rumänische Zeitzone (CET +1).

	IZV		AZV	
	standard	eil	standard	eil
Banca Comerciala Romana (Erste Bank, A)	15:00	18:00	15:00	12:00
Banca Romana Pentru Dezvoltare (Société Générale, F)	15:30	18:00	12:00	12:00
Raiffeisen Bank (Raiffeisen Bank, A)	15:00	18:00	15:00	11:00
Banca Transilvania (Banca Transilvania, ROM)	12:00	12:00	16:00	–
Banc Post (EFG Eurobank; GR)	n.a.			
Alpha Bank (Alpha Group, GR)	15:00	17:00	16:00	16:00
UniCredit Tiriac Bank (UniCredit Group, I)	14:15	16:00	15:30	16:00
Volksbank (Volksbanken Gruppe, A)	n.a.			
Piraeus Bank (Piraeus Bank, GR)	14:00	15:00	12:00	11:00
CEC Bank (CEC Bank, ROM)	n.a.			

5. Instrumente des Cash-Management

5.1 Internet/Electronic Banking

	Sammelüberweisung	Dauerauftrag	Lastschriftverfahren	IZV/AZV	SEPA-Zahlungen	Finanzamtszahlungen	Valutarische Vorschau	Untertagskontoauszug	Anzeige Zinssatzänderungen	Anzeige Bankleitzahlen	Dislozierte Unterschrift
Banca Comerciala Romana (Erste Bank, A)	✓			✓		✓		✓	✓		✓
Banca Romana Pentru Dezvoltare (Société Générale, F)	✓	✓		✓		✓	✓	✓	✓		
Raiffeisen Bank (Raiffeisen Bank, A)	✓	✓	✓	✓	✓	✓	✓	✓	✓		✓
Banca Transilvania (Banca Transilvania, ROM)	✓	✓	✓	✓	✓	✓	✓	✓	✓		✓
Banc Post (EFG Eurobank; GR)	✓	✓		✓		✓		✓			
Alpha Bank (Alpha Group, GR)	✓	✓	✓	✓		✓				✓	✓
UniCredit Tiriac Bank (UniCredit Group, I)	✓		✓	✓	✓	✓	✓	✓			✓
Volksbank (Volksbanken Gruppe, A)	n.a.										
Piraeus Bank (Piraeus Bank, GR)		✓		✓		✓				✓	
CEC Bank (CEC Bank, ROM)	n.a.										

5.2 Cash-Management Services

	Unterstützung bei Netting	Effektives Cash Pooling	Fiktives Cash Pooling	Margenpooling	Losungsabfuhr	Dokumentengeschäft	Folgedatenträger	Factoring	Leasing	EBPP	Zugang zum Geldmarkt
Banca Comerciala Romana (Erste Bank, A)					✓	✓		✓	✓		✓
Banca Romana Pentru Dezvoltare (Société Générale, F)					✓	✓		✓	✓		✓
Raiffeisen Bank (Raiffeisen Bank, A)		✓	✓	✓	✓	✓		✓	✓		✓
Banca Transilvania (Banca Transilvania, ROM)	✓		✓		✓	✓	✓	✓	✓	✓	
Banc Post (EFG Eurobank; GR)											✓
Alpha Bank (Alpha Group, GR)					✓						✓
UniCredit Tiriac Bank (UniCredit Group, I)	✓	✓	✓	✓		✓		✓	✓		✓
Volksbank (Volksbanken Gruppe, A)	n.a.										
Piraeus Bank (Piraeus Bank, GR)						✓					✓
CEC Bank (CEC Bank, ROM)											✓

SLOWAKEI

Steckbrief

Staatsform:	**Republik**
Hauptstadt:	**Bratislava**
Staatsfläche:	**49.000 km^2**
Bevölkerungszahl:	**5,5 Mio.**
Währung:	**Euro**
EU-Mitgliedschaft:	**seit 1. 5. 2004**

Slowakei

1. Ausgewählte Zahlen und Entwicklungen

1.1 Wirtschaftswachstum

In Folge sehr hoher Auslandsdirektinvestitionen (vor allem durch die Fahrzeugindustrie) als Antwort auf eine wirtschaftsliberale Politik verzeichnete die Slowakei jahrelang ein dynamisches Wirtschaftswachstum. Im Jahr 2007 wuchs das BIP um 10,4 %. Auch im Krisenjahr 2008 wurden immer noch beachtliche Zahlen erzielt. Das Land schlittert im Jahr 2009 in die Rezession, wobei der prognostizierte Wert von –2,6 % klar unterhalb des EU-27-Durchschnitsswertes von –4 % liegt.

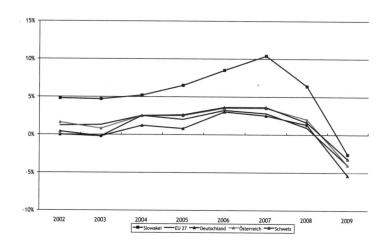

Slowakei

1.2 BIP pro Kopf

In den letzten Jahren konnte im Gefolge der steigenden Wirtschaftskraft ein deutliches Wachstum des Bruttoinlandsprodukts pro Kopf erzielt werden. Ab 2004 wurden pro Jahr drei bis fünf Prozentpunkte auf den EU-27-Schnitt gut gemacht. Die Slowakei hat mit 71,9 % des EU-27-Durchschnitts nach Slowenien und Tschechien das dritthöchste BIP pro Kopf der neuen EU-Mitgliedsländer (siehe Graphik im Anhang).

1.3 Arbeitslosigkeit

Die Slowakei hatte in der Vergangenheit eine der höchsten Arbeitslosenraten der EU-27. Das dynamische Wirtschaftswachstum zeigte nur bedingt Wirkung auf diese Statistik. Zu Beginn des Jahres 2006 lag die harmonisierte Arbeitslosenquote noch bei 15,5 %. Bis Mitte 2008, am Höhepunkt der Konjunktur und kurz vor Beginn der Subprime-Krise, konnte die Arbeitslosigkeit unter 9 % gedrückt werden. Dieser für slowakische Verhältnisse niedrige Wert lag aber dennoch oberhalb des damaligen EU-27-Durchschnitts. Mit der Wirtschaftskrise begann die Arbeitslosenquote wieder rapide anzusteigen (siehe Graphik im Anhang).

1.4 Inflation

Der Harmonisierte Verbraucherpreisindex liegt in der Slowakei über dem EU-27-Durchschnitt, allerdings nicht so hoch, dass dies den Beitritt zum Euroraum mit 1. Jänner 2009 verhindert hätte. Interessant erscheint, dass die Steigung des Preisindex bis Anfang 2009 parallel zum EU-27-Durchschnitt verläuft, danach aber trotz sinkender Inflation (bis an die Grenzen der Deflation) in der EU weiter ansteigt.

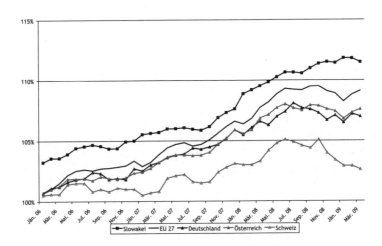

1.5 Korruption

Der Korruptionsindex von Transparency International reiht die Slowakei an 49. Stelle mit einem Wert von 4,9. Mit diesem Wert befindet sich die Slowakei im Mittelfeld der neuen EU-Mitgliedsländer (siehe Graphik im Anhang).

Slowakei

2. Slowakische Bankenlandschaft

	Markt-anteile in %	Bank	Gruppe	Eigentümer-verhältnisse
1	26,46%	Slovenska Spo-ritelna	Erste Group (A)	Erste Group Bank AG: 100%
2	19,74%	Vseobecna Uverova Banka (VUB)	Intesa San Paolo Group (I)	Intesa San Paolo Group: 96,63% Andere: 3,37%
3	18,18%	Tatra Banka	Raiffeisen Group (A)	Raiffeisen Internation: 64,54% Tatra Holding GmbH: 12,57% Andere: 22,89%
4	13,54%	CSOB	KBC Group (BEL)	KBC Group: 50,46% CSOB CR: 46,68% CSOB Leasing CR: 1,20% CSOB Factoring CR: 1,66%
5	6,13%	Dexia Banka Slovensko	Dexia Group (BEL)	Dexia Bank: 85,47% Slowakische Kommunen: 11,95% Andere: 2,58%
6	4,79%	UniCredit Bank Slovakia	UniCredit (I)	n.a.
7	4,25%	OTP Banka Slov-ensko	OTP Group (HUN)	OTP Bank Rt.: 97,23% Andere: 2,77%
8	3,54%	Citibank (Slova-kia)	Citigroup (USA)	n.a.
9	3,38%	Ludova Banka	Volksbanken Gruppe (A)	Volksbank International AG: 90,99% Andere: 9,01%
10	2,29%	Postova Banka	Postova Ban-ka (SK)	Istrokapital SE: 93,81% Slowakische Post: 5,00% BAWAG PSK: 0,99% Andere: 0,19%

3. Zahlungen in der Slowakei

3.1 Clearing-Systeme

Die Slowakei ist seit dem Beitritt zum Euroraum (1. Jänner 2009) an das pan-europäische RTGS-System TARGET2 angebunden. Mit dem Beitritt zur Währungsunion wurde das slowakische RTGS-System SIPS zum Clearinghaus EURO SIPS. EURO SIPS befindet sich im Besitz der in der Slowakei ansässigen Banken. Über dieses System werden alle EUR-Beträge ungeachtet ihrer Höhe abgewickelt.

3.2 Zahlungsinstrumente

Aufgrund statistischer Besonderheiten sind die Werte für die Lastschriften stark überhöht, tauchen allerdings nichtsdestotrotz unbereinigt in den Statistiken der Europäischen Zentralbank auf. Die Aussagekraft dieser Statistik ist somit eher gering.

Zahlungs-instrument	Anzahl			Wert		
	in Mio. Stk.	%	% EU	in Mio. EUR	%	% EU
Überweisung	194	45,54	27,91	1.857.630	61,49	90,61
Lastschrift	117	27,46	25,31	1.155.940	38,26	5,29
Kredit-/Debit-karte	115	27,00	36,83	7.570	0,25	0,54
Scheck	0	0,00	8,55	60	0,00	3,01
E-Money	–	–	0,66	–	0,00	0,03
Andere	–	–	0,74	–	0,00	0,52
Summe	297	100	100	3.021.200	100	100

Quelle: EZB Online; Zahlen für 2007

3.3 Devisenbeschränkungen

Die Slowakei ist seit 1. Jänner 2009 Mitglied der EURO-Zone.

3.4 Cut-off-Zeiten

Die folgende Tabelle weist die Cut-Off-Zeiten der slowakischen Banken aus. Wir unterscheiden zwischen (elektronischem) Inlands- und Auslandszahlungsverkehr (beides in EUR) und jeweils auch zwischen Standard- und Eilüberweisungen. Für beleghaften Zahlungsverkehr, AZV in fremder Währung und Überweisungen innerhalb einer Bankengruppe können andere Cut-Off-Zeiten gelten.

	IZV		AZV	
	standard	eil	standard	eil
Slovenska Sporitelna (Erste, A)	19:00	15:00	12:00	15:00
Vseobecna Uverova Banka (VUB) (Intesa San Paolo, I)	20:00	12:00	14:00	15:00
Tatra Banka (Raiffeisen, A)	18:00	–	14:00	–
CSOB (KBC, BEL)	17:00	15:00	12:00	15:00
Dexia Banka Slovensko (Dexia, BEL)	n.a.			
UniCredit Bank Slovakia (UniCredit, I)	19:00	21:00	13:30	13:30
OTP Banka Slovensko (OTP, HUN)	21:00	16:00	15:00	11:00
Citibank (Slovakia) (Citigroup, USA)	16:00	–	13:00	–
Ludova Banka (Volksbanken, A)	n.a.			
Postova Banka (Postova Banka, SK)	n.a.			

4. Instrumente des Cash-Managements

4.1 Internet/Electronic Banking

	Sammelüberweisung	Dauerauftrag	Lastschriftverfahren	IZV/AZV	SEPA-Zahlungen	Finanzamtszahlungen	Valutarische Vorschau	Untertagskontoauszug	Anzeige Zinssatzänderungen	Anzeige Bankleitzahlen	Dislozierte Unterschrift
Slovenska Sporitelna (Erste, A)	✓	✓	✓	✓		✓	✓	✓	✓		
Vseobecna Uverova Banka (VUB) (Intesa, I)	✓	✓	✓	✓	✓	✓	✓	✓	✓		✓
Tatra Banka (Raiffeisen, A)	✓	✓	✓	✓	✓	✓	✓	✓	✓		✓
CSOB (KBC, BEL)		✓	✓	✓	✓	✓	✓	✓	✓	✓	✓
Dexia Banka Slovensko (Dexia, BEL)	n.a.										
UniCredit Bank Slovakia (UniCredit, I)	✓		✓	✓		✓	✓	✓			✓
OTP Banka Slovensko (OTP, HUN)	✓	✓	✓	✓	✓	✓	✓	✓	✓	✓	
Citibank (Slovakia) (Citigroup, USA)	✓	✓		✓		✓	✓	✓		✓	
Ludova Banka (Volksbanken, A)	n.a.										
Postova Banka (Postova Banka, SK)	n.a.										

Slowakei

4.2 Cash-Management Services

	Unterstützung bei Netting	Effektives Cash Pooling	Fiktives Cash Pooling	Margenpooling	Losungsabfuhr	Dokumentengeschäft	Folgedatenträger	Factoring	Leasing	EBPP	Zugang zum Geldmarkt
Slovenska Sporitelna (Erste, A)	✓	✓		✓	✓	✓	✓	✓	✓		✓
Vseobecna Uverova Banka (VUB) (Intesa, I)		✓	✓		✓	✓		✓	✓		✓
Tatra Banka (Raiffeisen, A)		✓	✓	✓	✓	✓		✓	✓		✓
CSOB (KBC, BEL)		✓	✓	✓	✓	✓		✓	✓		✓
Dexia Banka Slovensko (Dexia, BEL)	n.a.										
UniCredit Bank Slovakia (UniCredit, I)	✓	✓	✓	✓		✓	✓	✓	✓		✓
OTP Banka Slovensko (OTP, HUN)	✓	✓				✓					✓
Citibank (Slovakia) (Citigroup, USA)					✓	✓					✓
Ludova Banka (Volksbanken, A)	n.a.										
Postova Banka (Postova Banka, SK)											✓

SLOWENIEN

Steckbrief

Staatsform:	**Republik**
Hauptstadt:	**Ljubljana**
Staatsfläche:	**20.000 km^2**
Bevölkerungszahl:	**2,0 Mio.**
Währung:	**Euro**
EU-Mitgliedschaft:	**seit 1. 5. 2004**

Slowenien

1. Ausgewählte Zahlen und Entwicklungen

1.1 Wirtschaftswachstum

Die ehemalige Republik der Jugoslawischen Föderation ist das wirtschaftlich am weitesten entwickelte Land der neuen EU-Mitgliedsstaaten. Insofern ähneln die moderaten Wachstumszahlen eher den „westeuropäischen" Ländern, weniger den hohen Wachstumsraten der neuen EU-Mitglieder, die noch im wirtschaftlichen Aufholprozess stecken. Abweichungen davon lassen sich in den Jahren 2006 und 2007 erkennen, in denen Wachstumsraten bis zu knapp 7% erreicht wurden. Wie die gesamte EU wird auch Slowenien im Jahr 2009 einen Einbruch der Wirtschaft erleiden. Es wird von einem BIP-Rückgang von 3,4% ausgegangen, was ungefähr dem prognostizierten EU-27-Durchschnitt entspricht.

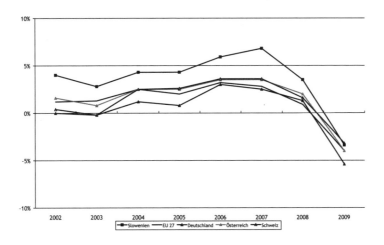

Slowenien

1.2 BIP pro Kopf

Auch beim BIP pro Kopf erweist sich Slowenien als Musterschüler der neuen EU-Mitgliedsländer. Im Beobachtungszeitraum lag das Bruttoinlandsprodukt Sloweniens immer über 80% des EU-Durchschnitts. Im Jahr 2008 wurde die 90%-Marke nur knapp verpasst. Zur Orientierung: Der zweitbeste Staat unter den neuen EU-Mitgliedern, die Tschechische Republik, wies im Jahr 2008 einen Wert von 80,5% auf (siehe

Graphik im Anhang). Portugal hatte im Jahr 2008 ein BIP pro Kopf von 75,3 %.

1.3 Arbeitslosigkeit

Sloweniens Arbeitslosenquote liegt in den letzten Jahren zumindest zwei Prozentpunkte unterhalb des EU-27-Durchschnitts. Kurz vor Einbruch der Weltwirtschaftskrise konnte der ausgezeichnete Wert von 4 % Arbeitslosigkeit erreicht werden. Im Jahr 2009 stiegen die Arbeitslosenzahlen auf (vergleichsweise niedrige) 5,5 % (siehe Graphik im Anhang).

1.4 Inflation

Bis 2007, also bis zum Beitritt Sloweniens zum Euroraum, entsprach die Steigung des slowenischen Verbraucherpreisindex weitgehend dem Verlauf des EU-27-Durchschnitts. Ab 2007 nahm der Verbraucherpreisindex etwas mehr Abstand zum EU-Schnitt. Mitte 2008 erreichte die Inflation ein Zwischenhoch und lag gut 14 % über dem Wert vom Jänner 2006. Seitdem nimmt die Inflation in Slowenien deutlich ab.

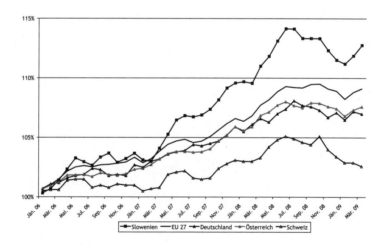

1.5 Korruption

Slowenien belegt im Korruptionsindex von Transparency International den 27. Rang mit einem Wert von 6,6 und ist damit auch in dieser Kategorie (knapp vor Estland) der beste Staat der neuen EU-Mitglieder (siehe Graphik im Anhang).

2. Slowenische Bankenlandschaft

	Markt-anteile in %	Bank	Gruppe	Eigentümer-verhältnisse
1	30,7%	Nova Ljubljanska Banka (NLB)	NLB Group (SL)	Slowenien: 33,10% KBC Bank NV (BEL): 30,57% UniCredit Banka Slovenija: 1,72% UniCredit Bank Austria AG: 0,86% Andere: 33,75%
2	10%	Nova Kreditna Banka Maribor (NK-BM)	NKBM (SL)	Slowenien: 41,49% Andere: 58,51%
3	8,2%	Abanka Vipa	Abanka Vipa (SL)	Zavarovalnica Triglav (slow. Versicherungsunternehmen): 25,60% Sava (slow. Konzernunternehmen): 23,83% Andere: 50,57%
4	5,5	Banka Celje	Banka Celje (SL)	NLB: 40,99% Abanka Vipa: 4,82% Hypo Alpe Adria Bank AG: 4,09% Andere: 50,1%
5	5,4%	SKB Banka	Societe Generale Group (F)	Societe Generale Group: 99,68% Andere: 0,32%
6	5,3%	Banka Koper	Intesa San Paolo (I)	Intesan Sanpaolo: 97,22% Andere: 2,78%
7	5,1%	UniCredit Banka Slovenija	UniCredit Group (I)	n.a.
8	4,5%	Hypo Alpe-Adria-Bank	Hypo-Alpe-Adria-Group (A)	n.a.
9	4,1%	Gorenjska Banka	Gorenjska Banka (SL)	Sava (slow. Konzernunternehmen): 45,9% Merkur Gruppe: 13% Andere: 58,9%
10	3%	Raiffeisen Banka	Raiffeisen Group (A)	Raiffeisen International Bank Holding: 85,71% Raiffeisen Landesbank Steiermark AG: 9,9% Raiffeisen Landesbank Burgenland: 1,39%

Slowenien

3. Zahlungen in Slowenien

3.1 Clearing-Systeme

Slowenien ist an das pan-europäische RTGS-System TARGET 2 angebunden. Darüber werden Eilüberweisungen sowie Überweisungen über 50.000 EUR abgewickelt.

Für das Bankenclearing stellt die Slowenische Nationalbank das System Giro Clearing zur Verfügung. Über Giro Clearing werden Zahlungen bis zu 50.000 EUR genettet und über TARGET2 abgewickelt. Die Organisation Bankart (im Besitz mehrerer slowenischer Banken) wickelt das Clearing von SEPA-Zahlungen, Kartenzahlungen sowie Lastschriften, Bankeinzügen, Daueraufträgen und anderen Zahlungsformen ab. Activa (Banka Koper) und MasterCard unterhalten weitere Clearinghäuser im Kartenbereich. Neben MasterCard und Visa sind im Bereich Kreditkarten vor allem auch AmEx und Diners Club am slowenischen Markt vertreten. BA/Maestro, Cirrus und Visa Electron stellen die wichtigsten Debitkartensysteme.

3.2 Zahlungsinstrumente

Zahlungs-instrument	Anzahl			Wert		
	in Mio. Stk.	%	% EU	in Mio. EUR	%	% EU
Überweisung	177	59,20	27,91	298.610	98,11	90,61
Lastschrift	18	6,02	25,31	1.850	0,61	5,29
Kredit-/Debitkarte	104	34,78	36,83	3.760	1,24	0,54
Scheck	0	0,00	8,55	130	0,04	3,01
E-Money	–	0,00	0,66	–	0,00	0,03
Andere	0	0,13	0,74	1	0,00	0,52
Summe	**299**	**100**	**100**	**304.350**	**100**	**100**

Quelle: EZB Online; Zahlen für 2007

3.3 Devisenbeschränkungen
Slowenien ist seit 1. Jänner 2007 Mitglied der EURO-Zone.

3.4 Cut-off-Zeiten
Die Tabelle bietet einen Überblick über die Cut-Off-Zeiten der slowenischen Banken. Wir differenzieren zwischen (elektronischem) Inlands- und Auslandszahlungsverkehr (beides in EUR) und dabei jeweils zwischen Standard- und Eilüberweisung. Für beleghaften Zahlungsverkehr, Auslandszahlungsverkehr in fremder Währung sowie für Überweisungen innerhalb der Bankengruppe können andere Cut-Off-Zeiten gelten.

Slowenien

	IZV		AZV	
	standard	eil	standard	eil
Nova Ljubljanska Banka (NLB) (NLB, SL)	15:30	15:30	14:00	14:00
Nova Kreditna Banka Maribor (NKBM) (NKBM, SL)	16:00	15:00	14:00	13:00
Abanka Vipa (Abanka Vipa, SL)	15:00	15:00	15:00	13:30
Banka Celje (Banka Celje, SL)	15:30	15:30	13:00	14:00
SKB Banka (Societe Generale, F)	16:00	16:00	15:00	14:00
Banka Koper (Intesa San Paolo, I)	15:00	15:00	14:00	14:00
UniCredit Banka Slovenija (UniCredit, I)	15:30	15:30	14:30	13:00
Hypo Alpe-Adria-Bank (Hypo-Alpe-Adria, A)	n.a.			
Gorenjska Banka (Gorenjska Banka, SL)	n.a.			
Raiffeisen Banka (Raiffeisen, A)	15:30	–	14:30	–

4. Instrumente des Cash-Managements

4.1 Internet/Electronic Banking

	Sammelüberweisung	Dauerauftrag	Lastschriftverfahren	IZV/AZV	SEPA-Zahlungen	Finanzamtszahlungen	Valutarische Vorschau	Untertagskontoauszug	Anzeige Zinssatzänderungen	Anzeige Bankleitzahlen	Dislozierte Unterschrift
Nova Ljubljanska Banka (NLB) (NLB, SL)	✓	✓	✓	✓	✓	✓	✓	✓	✓	✓	✓
Nova Kreditna Banka Maribor (NKBM) (NKBM, SL)	✓	✓	✓	✓	✓	✓	✓	✓			✓
Abanka Vipa (Abanka Vipa, SL)	✓	✓	✓	✓	✓	✓				✓	✓
Banka Celje (Banka Celje, SL)	✓	✓	✓	✓		✓	✓				✓
SKB Banka (Societe Generale, F)	✓	✓	✓	✓			✓	✓			✓
Banka Koper (Intesa San Paolo, I)	✓	✓		✓		✓		✓			
UniCredit Banka Slovenija (UniCredit, I)	✓		✓	✓	✓	✓	✓	✓			✓
Hypo Alpe-Adria-Bank (Hypo-Alpe-Adria, A)	✓	✓	✓	✓	✓	✓		✓		✓	✓
Gorenjska Banka (Gorenjska Banka, SL)	n.a.										
Raiffeisen Banka (Raiffeisen, A)	✓	✓		✓	✓	✓					✓

Slowenien

4.2 Cash-Management Services

	Unterstützung bei Netting	Effektives Cash Pooling	Fiktives Cash Pooling	Margenpooling	Losungsabfuhr	Dokumentengeschäft	Folgedatenträger	Factoring	Leasing	EBPP	Zugang zum Geldmarkt
Nova Ljubljanska Banka (NLB) (NLB, SL)		✓	✓	✓	✓	✓		✓	✓		✓
Nova Kreditna Banka Maribor (NKBM) (NKBM, SL)		✓	✓		✓	✓	✓	✓	✓		✓
Abanka Vipa (Abanka Vipa, SL)					✓	✓					✓
Banka Celje (Banka Celje, SL)					✓	✓		✓			✓
SKB Banka (Societe Generale, F)					n.a.						
Banka Koper (Intesa San Paolo, I)		✓			✓	✓			✓		✓
UniCredit Banka Slovenija (UniCredit, I)	✓	✓	✓	✓		✓	✓	✓	✓		✓
Hypo Alpe-Adria-Bank (Hypo-Alpe-Adria, A)		✓	✓	✓		✓	✓		✓		✓
Gorenjska Banka (Gorenjska Banka, SL)					n.a.						
Raiffeisen Banka (Raiffeisen, A)				✓		✓	✓		✓		✓

TSCHECHIEN

Steckbrief

Staatsform:	**Parlamentarische Republik**
Hauptstadt:	**Prag**
Staatsfläche:	**79.000 km^2**
Bevölkerungszahl:	**10,4 Mio.**
Währung:	**Tschechische Krone** (= 100 Heller)
EU-Mitgliedschaft:	**seit 1. 5. 2004**
Beitritt zum EURO-Raum:	**aus politischen Gründen unklar, 2012–2013 möglich**

Tschechien

1. Ausgewählte Zahlen und Entwicklungen

1.1 Wirtschaftswachstum

Tschechien gehört zu den am weitesten entwickelten Ländern der neuen EU-Mitglieder. Nichtsdestotrotz konnten in den Jahren 2005 bis 2007 Wachstumszahlen jenseits der 6%-Marke erzielt werden, womit Tschechien klar über den Durchschnittswerten der EU lag. Die Rezession machte sich bereits im Jahr 2008 durch ein rasches Absinken des BIP bemerkbar. Für 2009 wird eine Rezession in Höhe von −2,7% prognostiziert.

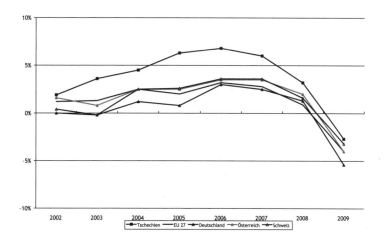

1.2 BIP pro Kopf

Beim BIP pro Kopf weist Tschechien mit 80,4% des EU-27-Durchschnitts den zweithöchsten Wert der neuen EU-Mitgliedsländer auf. Im Beobachtungszeitraum gelang es, sich dem EU-Durchschnitt um zehn Prozentpunkte anzunähern (siehe Graphik im Anhang).

1.3 Arbeitslosigkeit

Während der guten Konjunktur der vergangenen Jahre gelang es Tschechien, die Arbeitslosenquote zu senken. Im Beobachtungszeitraum konnte die Arbeitslosigkeit binnen 2,5 Jahren auf beinahe 4% halbiert werden. Krisenbedingt kam

Tschechien

es bei diesem Indikator ab 2009 zu einem schnellen Anstieg auf über 6 %, was aber dennoch klar unterhalb des EU-27-Durchschnitts von rund 9 % liegt. Auch im Vergleich mit anderen neuen EU-Mitgliedsländern steht Tschechien punkto Arbeitslosigkeit gut da (siehe Graphik im Anhang).

1.4 Inflation

Wie aus der Graphik ersichtlich, verläuft die Steigung des tschechischen Harmonisierten Verbraucherpreisindex parallel zur durchschnittlichen Steigerungsrate der EU-27 – sieht man von der starken Steigung von Dezember 2007 bis Jänner 2008 ab, die eher auf statistische Anomalien denn auf reale Preissteigerungen zurückgeführt werden sollte.

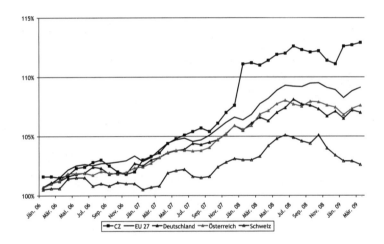

1.5 Korruption

Im Korruptionsindex von Transparency International nimmt Tschechien mit dem Wert von 5,2 den 41. Platz ein und gehört somit zu den drei am wenigsten von Korruption betroffenen neuen EU-Mitgliedsstaaten (siehe Graphik im Anhang).

2. Währungs- und Zinsindikatoren

2.1 Entwicklung Währungskurs CZK zu EUR

Die Tschechische Krone bewegt sich im Verhältnis zum Euro zwischen 25 und 30 CZK für einen EUR. Ab Ende 2007 erhöhte sich die Volatilität der Krone. Einer Aufwertung ab Ende 2007 (CZK stieg gegenüber dem EUR durchschnittlich von 28:1 auf 24:1) folgte das Einpendeln auf ein Verhältnis von 28:1.

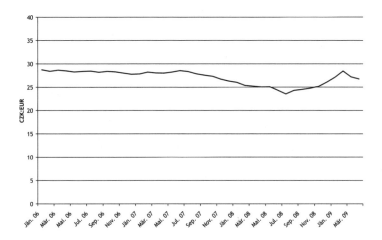

2.2 Entwicklung ON- und 3M-Zinssatz

Die tschechischen Referenzzinssätze bewegten sich im Beobachtungszeitraum zwischen 1,5 % und 4,5 %. Der 3-Monats-Zinssatz und der Overnight-Zinssatz verliefen relativ parallel. Seit Ende 2008 fielen die Zinssätze. Der 3-Monats-Zins-

Tschechien

satz fiel von ca. 4,3 % auf 2,5 %, der Overnight-Zinssatz von 3,8 % auf 1,8 %.

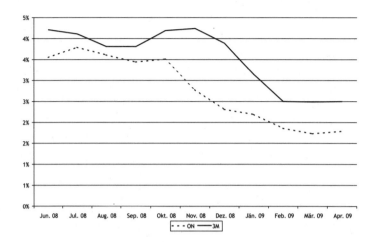

3. Tschechische Bankenlandschaft

	Markt-anteile in %	Bank	Gruppe	Eigentümer-verhältnisse
1	24,67%	CSOB	KBC Group (BEL)	KBC Bank: 100%
2	21,71%	Ceska Sporitelna (CSAS)	Erste Group (A)	Erste Bank: 98% Andere: 2%
3	17,65%	Komercni Banka	Societe Generale Group (F)	Societe Generale: 60,4% Andere: 39,6%
4	7,17%	UniCredit	UniCredit Group (I)	UniCredit Bank Austria AG: 100%
5	3,48%	Citibank	Citigroup (USA)	n.a.
6	3,11%	Raiffeisen Bank CZ	Raiffeisen Group (A)	Raiffeisen International: 51% Raiffeisenlandesbank NÖ-Wien: 24% RB Prag Beteiligungs GmbH: 25%
7	2,17%	Commerzbank	Commerz-bank (D)	n.a.
8	1,25%	Calyon	Calyon (F)	n.a.
9	0,97%	Volksbank	Volksbanken Group (A)	Volksbank International AG: 98,14% Banca Popolare di Vicen-za: 0,93% EM.RO Popolare: 0,93%
10	0,74%	Landesbank Baden-Württem-berg (LBBW)	LBBW (D)	LBBW: 100%

Tschechien

173

4. Zahlungen in Tschechien

4.1 Clearing-Systeme

Die Tschechische Republik verfügt über das zentrale Clearing-System CERTIS. CERTIS ist in Besitz der Tschechischen Nationalbank (CNB) und wird auch von dieser betrieben. Es ist für die Abwicklung aller Überweisungen in tschechischen Kronen zuständig.

Debit- und Kreditkarten (VISA, MasterCard, Diners Club, AmEx) werden von den jeweiligen Anbietern gecleart und die Nettobeträge entweder über CERTIS oder bilateral überwiesen. Für Scheckzahlungen gibt es kein zentrales Clearinghaus. Die Abwicklung erfolgt ebenso über CERTIS, im Falle von Scheckzahlungen innerhalb eines Bankensystems intern.

4.2 Zahlungsinstrumente

Für die Tschechische Republik liegen seitens der Europäischen Zentralbank nur stark eingeschränkte Angaben zur Bedeutung der einzelnen Zahlungsinstrumente vor.

Zahlungs-instrument	Anzahl			Wert		
	in Mio. Stk.	%	% EU	in Mio. EUR	%	% EU
Überweisung	–	–	27,91	–	–	90,61
Lastschrift	–	–	25,31	–	–	5,29
Kredit-/Debitkarte	129	–	36,83	8.133	–	0,54
Scheck	0,5	–	8,55	1.347	–	3,01
E-Money	60	–	0,66	18	–	0,03
Andere	0	–	0,74	–	–	0,52
Summe	–	–	**100**	–	–	**100**

Quelle: Europäische Zentralbank (Zahlen für 2007)

4.3 Devisenbeschränkungen

Es gibt keine Devisenbeschränkungen im Geschäftsverkehr. Für bestimmte Zahlungen existiert Anmeldepflicht.

4.4 Cut-off-Zeiten

In der unten stehenden Tabelle finden Sie eine Übersicht über die Cut-Off-Zeiten der tschechischen Banken. Wir haben dabei (elektronischen) Inlands- und Auslandszahlungsverkehr (in EUR), dabei jeweils Standard- und Eilüberweisungen berücksichtigt. Für beleghaften Zahlungsverkehr, Auslandszahlungsverkehr in einer anderen Währung als EUR oder für Überweisungen innerhalb von Bankengruppen können andere Cut-Off-Zeiten gelten.

	IZV		AZV	
	standard	eil	standard	eil
CSOB (KBC, BEL)	10:30	12:00	14:00	12:00
Ceska Sporitelna (CSAS) (Erste, A)	20:00	12:30	14:00	14:00
Komercni Banka (Societe Generale, F)	20:30	10:00	14:00	12:00
UniCredit (UniCredit, I)	17:30	10:00	12:00	12:00
Citibank (Citigroup, USA)	17:00	12:00	13:00	13:00
Raiffeisen Bank CZ (Raiffeisen, A)	18:00	11:30	15:00	12:00
Commerzbank (Commerzbank, D)	17:00	12:00	10:00	12:00
Calyon (Calyon, F)	n.a.			
Volksbank (Volksbanken, A)	n.a.			
Landesbank Baden-Württemberg (LBBW) (LBBW, A)	16:00	11:00	14:00	10:00

Tschechien

5. Instrumente des Cash-Managements

5.1 Internet/Electronic Banking

	Sammelüberweisung	Dauerauftrag	Lastschriftverfahren	IZV/AZV	SEPA-Zahlungen	Finanzamtszahlungen	Valutarische Vorschau	Untertagskontoauszug	Anzeige Zinssatzänderungen	Anzeige Bankleitzahlen	Dislozierte Unterschrift
CSOB (KBC, BEL)	✓	✓	✓	✓	✓	✓	✓	✓	✓	✓	✓
Ceska Sporitelna (CSAS) (Erste, A)-TARGET 2	✓	✓	✓	✓	✓	✓	✓	✓			✓
Komercni Banka (Societe Generale, F)	✓	✓	✓	✓	✓	✓	✓	✓			✓
UniCredit (UniCredit, I)-TARGET 2	✓		✓	✓	✓	✓	✓	✓			✓
Citibank (Citigroup, USA)	✓	✓	✓	✓	✓	✓	✓	✓			✓
Raiffeisen Bank CZ (Raiffeisen, A)-TARGET 2	✓	✓	✓	✓	✓	✓	✓	✓	✓		✓
Commerzbank (Commerzbank, D)	✓	✓	✓	✓	✓	✓	✓	✓	✓	✓	✓
Calyon (Calyon, F)	n.a.										
Volksbank (Volksbanken, A)	n.a.										
Landesbank Baden-Württemberg (LBBW) (LBBW, A)		✓		✓	✓	✓				✓	✓

5.2 Cash-Management Services

	Unterstützung bei Netting	Effektives Cash Pooling	Fiktives Cash Pooling	Margenpooling	Losungsabfuhr	Dokumentengeschäft	Folgedatenträger	Factoring	Leasing	EBPP	Zugang zum Geldmarkt
CSOB (KBC, BEL)		✓	✓	✓	✓	✓	✓	✓	✓	✓	✓
Ceska Sporitelna (CSAS) (Erste, A)-TARGET 2		✓	✓	✓	✓	✓	✓	✓	✓	✓	✓
Komercni Banka (Societe Generale, F)		✓	✓		✓	✓		✓	✓		✓
UniCredit (UniCredit, I)-TARGET 2	✓	✓	✓	✓	✓	✓	✓	✓	✓		✓
Citibank (Citigroup, USA)	n.a.										
Raiffeisen Bank CZ (Raiffeisen, A)-TARGET 2		✓	✓	✓	✓	✓		✓	✓		✓
Commerzbank (Commerzbank, D)	✓	✓	✓	✓	✓	✓	✓	✓	✓	✓	✓
Calyon (Calyon, F)	n.a.										
Volksbank (Volksbanken, A)	n.a.										
Landesbank Baden-Württemberg (LBBW) (LBBW, A)		✓	✓	✓		✓					✓

Tschechien

UNGARN

Steckbrief

Staatsform:	**Parlamentarische Republik**
Hauptstadt:	**Budapest**
Staatsfläche:	**93.000 km^2**
Bevölkerungszahl:	**10,0 Mio.**
Währung:	**Forint**
EU-Mitgliedschaft:	**seit 1. 5. 2004**
Beitritt zum EURO-Raum:	**unklar, nicht vor 2011**

Ungarn

1. Ausgewählte Zahlen und Entwicklungen

1.1 Wirtschaftswachstum

Im Rahmen des „Gulasch-Kommunismus" konnte Ungarn bereits vor dem Fall des Eisernen Vorhangs gewisse marktwirtschaftliche Strukturen etablieren. In Folge dessen hatte Ungarn nach 1989 einen gewissen Entwicklungsvorteil gegenüber anderen Wendeländern. Doch nicht nur dadurch erklären sich die – im Vergleich zu anderen Transformationsländern – niedrigen Wachstumszahlen. Ungarn hat auch strukturelle Probleme, die in den letzten Jahren immer akuter wurden. Bis 2006 gab es 4%ige Wachstumsraten, 2007 sank das BIP mit 1,2% unter den EU-27-Schnitt von damals 2,8%. Mit der Krise kam der Einbruch der Wirtschaft. Für 2009 wird ein Minus von 6,3% prognostiziert.

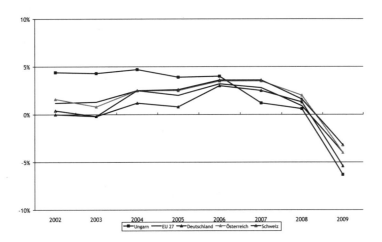

1.2 BIP pro Kopf

Die strukturellen Probleme Ungarns kann man gut anhand der Entwicklung des BIP pro Kopf ablesen. Bei diesem Faktor stagniert Ungarn seit Jahren bei ca. 63% gegenüber dem EU-27-Schnitt. Im gleichen Zeitraum konnten die meisten anderen neuen EU-Mitglieder ungeachtet ihrer Ausgangslage 10 bis 15 Prozentpunkte auf den EU-Durchschnitt aufholen (siehe Graphik im Anhang).

Ungarn

1.3 Arbeitslosigkeit

Im Beobachtungszeitraum pendelte die ungarische Arbeitslosenrate zwischen 7% und 8%, damit zumeist knapp über dem EU-27-Durchschnitt. Mit Einsetzen der Krise (ab Ende 2008) stieg die Rate schnell auf über 10% an (siehe Graphik im Anhang).

1.4 Inflation

Ungarn hat mit Inflation zu kämpfen. Der Harmonisierte Verbraucherpreisindex stieg im Beobachtungszeitraum im Vergleich zum EU-27-Durchschnitt mehr als doppelt so stark an. Erst mit Einsetzen der Subprime-Krise kam es zu einer Abflachung der Inflationskurve.

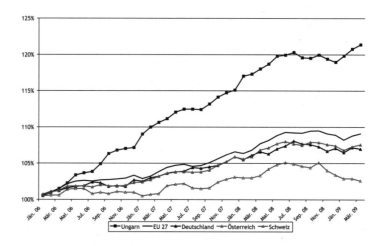

1.5 Korruption

Im Korruptionsindex von Transparency International belegt Ungarn mit 5,3 Punkten den 39. Platz und befindet sich damit unter den neuen EU-Mitgliedern im guten Mittelfeld (siehe Graphik im Anhang).

2. Währungs- und Zinsindikatoren

2.1 Entwicklung Währungskurs HUF zu EUR

Der ungarische Forint pendelte im Beobachtungszeitraum bei einem Verhältnis zum Euro von 250:1. In gewissen Volatilitätsschüben kam es zu kurzfristigen Abwertungen des HUF, die aber relativ gesehen weniger stark ausfielen als z.B. beim polnischen Zloty. Im Jahr 2009 ist der Forint sogar auf ein Verhältnis zum Euro von über 300:1 gesunken.

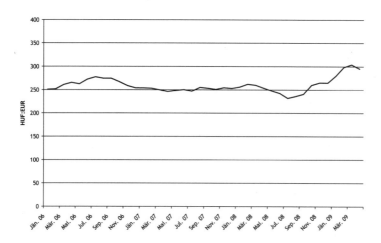

2.2 Entwicklung ON- und 3M-Zinssatz

Am ungarischen Geldmarkt bewegten sich die Referenzzinssätze zwischen 8 % und 11 %. Der 3-Monats-Zinssatz und der Overnight-Zinssatz verliefen relativ deckungsgleich. Im Gegensatz z.B. zum EURIBOR bzw. EONIA waren mit Einbruch der Subprime-Krise keine starken Volatilitäten zu be-

Ungarn

185

obachten. Beide Zinssätze bewegten sich relativ stabil zwischen 9% und 10%.

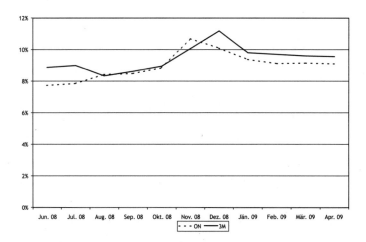

3. Ungarische Bankenlandschaft

	Markt-anteile in %	Bank	Gruppe	Eigentümer-verhältnisse
1	21,03%	OTP	OTP Group (HUN)	OTP Bank: 10,7% Streubesitz: 89,3%
2	8,28%	K&H	KBC Group (BEL)	KBC Group: 100%
3	7,97%	CIB Bank	Intesa San-paolo Group (I)	Intesa Sanpaolo: 100%
4	7,85%	MKB	BayernLB (D)	BayernLB: 89,62% P.S.K. Beteiligungsver-waltung: 9,88% Andere: 0,5%
5	7,16%	Raiffeisen Bank	Raiffeisen Group (A)	Raiffeisen-RBHU Hold-ing GmbH: 100%
6	7,08%	Erste	Erste Group (A)	99,94%: Erste Bank Group AG 0,04%: Andere
7	5,45%	UniCredit Bank Hungary	UniCredit Group (I)	UniCredit Bank Austria AG: 100%
8	2,83%	Budapest Bank	GE Money Bank (USA)	GE Money Bank: 99,73% Andere: 0,27%
9	2,37%	Citibank	Citigroup Group (USA)	n.a.
10	1,26%	Volksbank	Volksbanken Group (A)	Österreichische Volks-banken AG: 51% BFBP Group: 24,5% DZ-Bank/WGZ-Bank: 24,5%

Ungarn

4. Zahlungen in Ungarn

4.1 Clearing-Systeme

Die Ungarische Nationalbank verfügt über das RTGS-System VIBER, über das die überwiegende Zahl an großen Beträgen abgewickelt wird. Das Bankenclearing wird von der Kapitalgesellschaft GIRO durchgeführt, an der die meisten Banken des Landes beteiligt sind. Über GIRO werden die meisten kleinen Überweisungen, alle Lastschriften, Bankeinzüge, Schecks, die nicht bilateral gecleart werden, und Wechsel abgewickelt.

Es gibt drei Clearinghäuser für Kartenzahlungen: Visa, Master Card (Clearing über die ungarische Bank MKB) und GBC (Clearing über die Ungarische Nationalbank).

Die Ungarische Post trägt mit Cash-Services beträchtlich zum Zahlungssystem bei. Pensions- und Versicherungszahlungen werden über die Post abgewickelt, die Haushalte überweisen Gelder mit der Post und begleichen dort ihre Rechnungen.

4.2 Zahlungsinstrumente

Zahlungs-instrument	Anzahl			Wert		
	in Mio. Stk.	%	% EU	in Mio. EUR	%	% EU
Überweisung	568	72,63	27,91	1.540.670	99,42	90,61
Lastschrift	78	9,97	25,31	4.390	0,28	5,29
Kredit-/Debit-karte	135	17,26	36,83	4.600	0,30	0,54
Scheck	0	0,00	8,55	0	0,00	3,01
E-Money	–	0,00	0,66	–	0,00	0,03
Andere	1	0,14	0,74	5	0,00	0,52
Summe	**782**	**100**	**100**	**464.905**	**100**	**100**

4.3 Devisenbeschränkungen

Es existieren keine Devisenbeschränkungen.

4.4 Cut-off-Zeiten

In der unten stehenden Tabelle finden Sie eine Übersicht über die Cut-Off-Zeiten der wichtigsten ungarischen Banken. Wir unterscheiden hierbei zwischen (elektronischem) Inlands- und Auslandszahlungsverkehr (in EUR), dabei auch jeweils zwischen Standard- und Eilüberweisung. Für beleghaften Zahlungsverkehr, Überweisungen innerhalb einer Banken- gruppe sowie Auslandszahlungen in einer anderen Fremd- währung als EUR können andere Cut-Off-Zeiten gelten.

	IZV		AZV	
	standard	eil	standard	eil
OTP (OTP, HUN)	18:00 (Mo-Do) 17:00 (Fr.)	15:00	12:00	12:00
K&H (KBC, BEL)	17:00	15:30	14:00	14:00
CIB Bank (Intesa Sanpaolo, I)	18:00	15:00	14:00	14:00
MKB (BayernLB, D)	17:00	14:30	12:00	12:00
Raiffeisen Bank (Raiffeisen, A)	16:00	15:00	12:00	n.a.
Erste (Erste, A)	18:00	14:30	14:00	13:00
UniCredit Bank Hungary (UniCredit, I)	18:00	18:00	10:00	10:00
Budapest Bank (GE Money, USA)	n.a.			
Citibank (Citigroup, USA)	17:00	14:30	13:00	n.a.
Volksbank (Volksbanken, A)	n.a.			

Ungarn

5. Instrumente des Cash-Managements

5.1 Internet/Electronic Banking

	Sammelüberweisung	Dauerauftrag	Lastschriftverfahren	IZV/AZV	SEPA-Zahlungen	Finanzamtszahlungen	Valutarische Vorschau	Untertagskontoauszug	Anzeige Zinssatzänderungen	Anzeige Bankleitzahlen	Dislozierte Unterschrift
OTP (OTP, HUN)	✓	✓	✓	✓	✓	✓	✓	✓	✓	✓	✓
K&H (KBC, BEL)	✓	✓	✓	✓	✓	✓	✓	✓	✓	✓	✓
CIB Bank (Intesa Sanpaolo, I)	✓	✓	✓	✓	✓	✓	✓	✓	✓	✓	✓
MKB (BayernLB, D)	✓	✓	✓	✓	✓	✓	✓				✓
Raiffeisen Bank (Raiffeisen, A)	✓	✓	✓	✓	✓	✓	✓	✓	✓	✓	✓
Erste (Erste, A)	✓	✓	✓	✓	✓	✓	✓	✓	✓	✓	✓
UniCredit Bank Hungary (UniCredit, I)	✓		✓	✓		✓	✓	✓		✓	✓
Budapest Bank (GE Money, USA)	n.a.										
Citibank (Citigroup, USA)		✓		✓	✓	✓					
Volksbank (Volksbanken, A)	n.a.										

5.2 Cash-Management Services

	Unterstützung bei Netting	Effektives Cash Pooling	Fiktives Cash Pooling	Margenpooling	Losungsabfuhr	Dokumentengeschäft	Folgedatenträger	Factoring	Leasing	EBPP	Zugang zum Geldmarkt
OTP (OTP, HUN)	✓	✓	✓		✓	✓	✓	✓	✓	✓	✓
K&H (KBC, BEL)		✓	✓		✓	✓		✓	✓		✓
CIB Bank (Intesa Sanpaolo, I)		✓	✓	✓	✓	✓		✓	✓		✓
MKB (BayernLB, D)		✓	✓		✓	✓		✓			✓
Raiffeisen Bank (Raiffeisen, A)		✓	✓	✓	✓	✓		✓			✓
Erste (Erste, A)	✓	✓	✓	✓	✓	✓	✓	✓	✓		
UniCredit Bank Hungary (UniCredit, I)	✓	✓	✓	✓		✓	✓	✓	✓		✓
Budapest Bank (GE Money, USA)	n.a.										
Citibank (Citigroup, USA)		✓	✓		✓	✓					✓
Volksbank (Volksbanken, A)	n.a.										

Ungarn

191

Anhang

1. Literaturverzeichnis

Eilenberger, G. (2003): Finanzierungsentscheidungen multinationaler Unternehmungen. 2. Aufl. Heidelberg: Physica-Verlag.

EZB (2007): Blue Book. Payment and Securities Settlement Systems in the European Union. Vol. 1 & 2. Frankfurt/Main: ECB.

Hohenstein, G. (1994): Cashflow – Cash-Management, Herkunft, Funktion und Anwendung zur Unternehmensbeurteilung. Wiesbaden: Gabler.

Raiffeisen (2004): Elektronische Bankprodukte (online verfügbar)

Transparency International (2007): Transparency International Annual Report 2007. Transparency International.

Transport-Informations-Service (o.D.): http://tis-gdv.de/tis/bedingungen/akkreditiv/inhalt.htm (letzter Zugriff: 08. September 2009)

Werdenich, M. (2005): Modernes Cash-Management. Instrumente und Maßnahmen zur Sicherung und Optimierung der Liquidität. Heidelberg: Redline Wirtschaft.

2. Statistischer Anhang

2.1 Berechnung der Indikatoren

2.1.1 Wirtschaftswachstum

Wir haben das Wirtschaftswachstum der Profilländer durch die jährliche Entwicklung des Bruttoinlandsprodukts (BIP) dargestellt. Das BIP-Wachstum in Prozent ist der geläufigste Indikator zur Messung der Wirtschaftsleistung einer Volkswirtschaft. Es gibt den Gesamtwert aller innerhalb eines Landes innerhalb eines Jahres erzeugten Waren und Dienstleistungen an. „Brutto" bedeutet dabei, dass das BIP nicht um Abschreibungen bereinigt ist.

2.1.2 Bruttoinlandsprodukt pro Kopf

Das BIP-Wachstum stellt die aktuelle Wirtschaftsleistung einer Volkswirtschaft dar, zeigt allerdings nicht den absoluten wirtschaftlichen Entwicklungsstand eines Landes. Daher haben wir für unsere Analyse das Bruttoinlandsprodukt pro Kopf in Kaufkraftstandards (= bereinigt um länderspezifische Preisniveaus) als zusätzlichen Indikator aufgenommen. Das wirtschaftliche Niveau eines Landes wird dabei im Vergleich zum Durchschnitt der EU-27 dargestellt.

2.1.3 Arbeitslosenrate

Die Arbeitslosenrate gehört zu den wichtigsten sozioökonomischen Indikatoren einer Volkswirtschaft.

Sie gibt den Anteil der arbeitslosen Personen an den erwerbsfähigen Personen an. Als arbeitslos werden nach ILO (International Labour Organisation) Personen von 15 bis 74 Jahren definiert, die in der Woche der Messung ohne Beschäftigung waren (= weniger als eine Stunde bezahlter Arbeit in dieser Woche), aktiv Arbeit gesucht haben und eine Arbeit sofort oder maximal in zwei Wochen aufzunehmen bereit waren.

2.1.4 Inflation

Die Inflationsrate ist die wichtigste Kennzahl zur Messung der Preisstabilität einer Volkswirtschaft.

Sie drückt für einen bestimmten Zeitraum die Veränderung des Preisniveaus für Güter und Dienstleistungen, die von Haushalten konsumiert werden, aus. Die EU misst die Inflation mittels des Harmonisierten Verbraucherpreisindex, der sich wiederum aus Teilindizes zusammensetzt. Die der Messung zugrunde gelegten Warenkörbe werden den gemessenen Ländern angepasst. Damit wird sichergestellt, dass in jedem Land nur die relevanten Warengruppen berücksichtigt werden.

2.1.5 Korruption

Der Korruptionsindex (CPI – Corruption Perception Index) wird regelmäßig von dem internationalen NGO Transparency International ermittelt (zuletzt 2007 für 179 Länder).

Der CPI basiert auf den Einschätzungen von Länderanalysten und Personen aus der Privatwirtschaft des jeweiligen Landes. Der gefühlte Korruptionsgrad reicht von 0 (hochgradig korrupt) bis 10 (hochgradig sauber). Der CPI bildet dabei die Durchschnittszahl der Befragungsergebnisse ab (siehe Transparency International 2007).

Die Top-Position für das Jahr 2007 besetzen die drei Länder Dänemark, Finnland und Neuseeland. Am Ende des Index sind die Länder Somalia und Myanmar zu finden.

2.2 Indikatoren der Profilländer im Vergleich

2.2.1 Wirtschaftswachstum im Vergleich

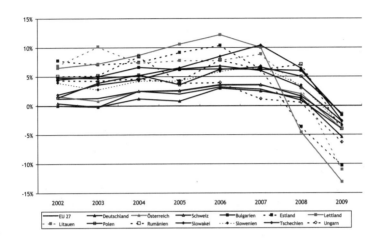

2.2.2 Bruttoinlandsprodukt pro Kopf im Vergleich

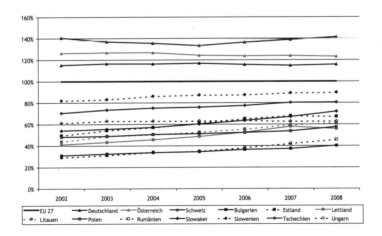

2.2.3 Arbeitslosenrate im Vergleich

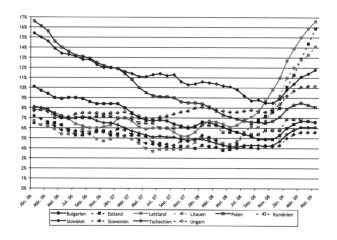

2.2.4 Inflation im Vergleich

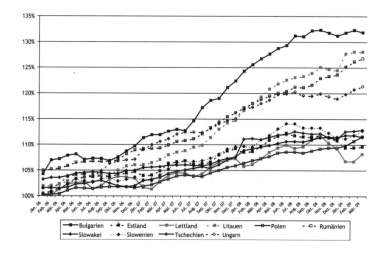

2.2.5 Korruption im Vergleich

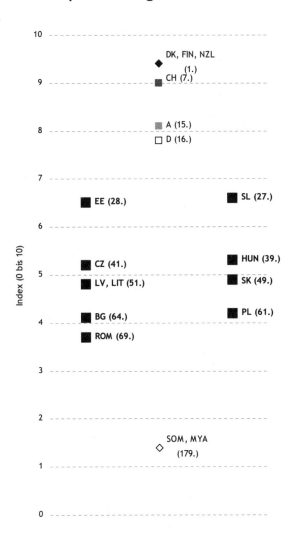

Stichwortverzeichnis